DR. CARLOS EDUARDO PALETTA GUEDES

ADVOCACIA ESTRATÉGICA

EDITORA FUNDAMENTO

Editor e edição de texto: Editora Fundamento
Capa e editoração eletrônica: Commcepta Design
CTP e impressão: Sociedade Vicente Pallotti

Dados Internacionais de Catalogação na Publicação (CIP)
(Câmara Brasileira do Livro, SP, Brasil)

Guedes, Carlos Eduardo Paletta
Advocacia Estratégica / Carlos Eduardo Paletta Guedes – São Paulo - SP : Editora Fundamento Educacional, 2006.

1. Advogados – Brasil 2. Carreira profissional – Desenvolvimento 3. Direito – Estudo e ensino 4. Direito como profissão 5. Escolha de profissão

04-5786 CDD-34-051

Índices para catálogo sistemático:
1. Direito: Carreira profissional: Guias 34-051

Fundação Biblioteca Nacional

Depósito legal na Biblioteca Nacional, conforme Decreto n.º 1.825, de dezembro de 1907.

Impresso no Brasil

Telefone: (41) 3015 9700
E-mail: info@editorafundamento.com.br
Site: www.editorafundamento.com.br

SUMÁRIO

ADVOGANDO COM PRAZER

Agradeço a meu pai, advogado e professor que tudo me ensinou sobre Direito e sobre a vida. A minha família e amigos, pelo apoio incondicional.

"Só são felizes os que têm a mente fixada em algum objeto que não seja a sua própria felicidade: a felicidade de outros, a melhora da humanidade, ou, inclusive, alguma arte ou projeto que não se busque como um meio, mas como uma meta em si mesma ideal. Assim, apontando para outra coisa, encontra-se casualmente a felicidade. As satisfações da vida são suficientes para fazer dela algo prazeroso quando são tomadas en passant, *sem fazer delas o objetivo principal. No momento em que lhe damos máxima importância, percebemos imediatamente que são insuficientes. Não poderão sustentar-se se as submetemos a um exame rigoroso. Pergunta se és feliz e deixarás de sê-lo. A única opção é considerar, não a felicidade, mas algum outro fim externo a ela, como propósito de nossa vida. Faze com que tuas reflexões, teu escrutínio e tua introspecção se esgotem nisso. E se tiveres a fortuna de vê-los rodeados por outras circunstâncias favoráveis, inalarás felicidade com o ar que respiras, sem deter-te a pensar nela, sem deixar que ocupe tua imaginação e sem afugentá-la com interrogações fatais. Essa teoria se converteu no fundamento de minha filosofia de vida. E todavia me aferro a ela, pois considero que é a melhor para todos aqueles que possuem um grau moderado de sensibilidade e de capacidade para o gozo, ou seja, para a grande maioria do gênero humano."*

J. S. Mill, **Autobiografia**

"Saber lealmente gozar do próprio ser, eis a perfeição absoluta e divina. Nós só desejamos condições diferentes das nossas porque não sabemos tirar partido daquelas em que nos achamos."

Montaigne, **Ensaios**

INTRODUÇÃO

Este livro tem apenas uma pretensão: tornar a advocacia um prazer, um motivo de satisfação e sucesso pessoais. Como jovem advogado e professor de uma Faculdade de Direito, pude perceber a falta de uma "lanterna" que iluminasse o caminho dos novos advogados nos meandros da profissão. Logo após a formatura, na luta do dia-a-dia, começamos a perceber que advogar não se resume a códigos e petições. Algo mais está em jogo: aquilo que queremos de nossas vidas. Após uma existência dedicada somente aos estudos, assim que chegamos à Faculdade de Direito, começamos a atentar para a necessidade de fazer um bom estágio e, se tudo der certo, ter um início de carreira promissor. Daí a importância de um estágio bem-feito, o que não se resume aos conhecimentos técnicos que você possui ou tem capacidade de apreender: vai mais além. Como se relacionar no ambiente de estágio? O que os escritórios procuram num estudante? Eis alguns questionamentos que devem ser levados em consideração para um início de carreira de sucesso, raramente abordados, especialmente quando se pensa em estágio jurídico, e serão o primeiro objeto de enfoque neste livro.

Além disso, teremos uma análise sobre a carreira após a formatura num escritório, ou seja, como começar a trabalhar na advocacia, com a qual poderemos oferecer um pequeno guia para que o jovem advogado possa achar, o mais rapidamente possível, seu caminho para o sucesso: dicas úteis sobre como lidar com colegas, advogados da parte contrária, juízes, servidores da justiça, além de um pequeno teste para o leitor avaliar a quantas anda sua carreira. Diferentemente do que muitos podem pensar, os escritórios de hoje não querem um gênio do Direito sem qualquer outro atributo. No teste, teremos dez critérios de avaliação, e seria muito bom que o jovem advogado estivesse bem avaliado.

Nesse mundo dinâmico, não basta conhecer a fundo a doutrina sobre uma certa área do Direito; isso é só o início. Muito mais é exigido, e pude perceber tudo isso não só na minha vivência como advogado. Em 1997, quando de minha passagem pela Universidade de Delaware (*American Law and Legal English Institute*), tive a oportunidade de realizar visitas de estudos a vários escritórios, alguns de porte gigantesco, como o *White & Case*, com sede em Nova York. Lá comecei a me relacionar com "*LLM students"* (*Master of Laws* – espécie de mestrado em Direito) de Harvard, NYU, etc., vindos de países como Espanha, Bélgica, Panamá e, obviamente, Brasil. Comecei a me interessar pela vida profissional desses jovens advogados e, então, iniciei minhas anotações. No mesmo ano, fui a Buenos Aires para o Congresso Internacional de Direito do Trabalho e da Seguridade Social, promovido pela *Société Internationale de Droit du Travail e de la Securité Sociale*, onde pude fazer outros contatos. Em 2001, freqüentei o *Program of Instruction for Lawyers*, da Faculdade de Direito de Harvard. Conheci vários colegas, advogados brasileiros, portugueses, argentinos e americanos, a maior parte de grandes escritórios ou da advocacia corporativa de grandes empresas. Aos vários amigos que fiz nesse percurso, devo muitas dicas contidas neste livro, que nunca me foram ditas quando iniciei minha vida profissional ou quando ainda era um estudante, de *jeans* e camiseta. Daí meu desejo de escrever algo para esse público.

Vale ressaltar ainda que, em meio aos capítulos do livro, o leitor encontrará citações de artigos do Código de Ética da OAB, sempre inseridos no contexto do assunto tratado. Assim, o livro também pode despertar o interesse dos estudantes de Deontologia Jurídica, que encontrarão uma aplicação bem prática aos estudos dessa importante disciplina, a base de nossa profissão.

Há ainda uma seção dedicada aos grandes escritórios brasileiros, um modesto e reduzido guia de bons lugares para se começar uma carreira de advogado de sucesso. Tive o cuidado de utilizar dois *rankings* já estabelecidos para balizar a lista. Há ainda uma sugestão de filmes jurídicos, para ajudar no *hobby* de se ver histórias interessantes ligadas a nossa área de atuação.

Enfim, é um livro que pretende facilitar a vida do advogado, profissional às voltas com questões de alta complexidade, que exigem tanto de nós, às vezes sem o devido reconhecimento, mas ainda assim felizes por praticar tão nobre profissão. No final das contas, o que fica é a pergunta fundamental: você encontra felicidade naquilo que faz? Você é feliz como advogado? Este livro é para todos aqueles que, como eu, respondem um "SIM" à pergunta. E, para aqueles que não sabem responder ou respondem "não", o livro vai procurar dar um novo rumo a sua carreira. E que todos tenham muito sucesso!

Na Faculdade de Direito

Como professor há alguns anos e com a memória ainda fresca dos meus tempos acadêmicos, acredito que possa partilhar alguns ensinamentos sobre os primeiros passos numa Faculdade de Direito e sobre o que o estudante deve esperar dos seus cinco anos de aprendizado jurídico. Desde as primeiras aulas de Introdução ao Ensino do Direito e Português até as de Direito Tributário, Processual Civil e tantas outras, muito aprendemos, não somente sobre a Ciência Jurídica, mas também sobre pressão, posição profissional, reputação e relacionamentos. Para nós, brasileiros, tudo ainda se torna um pouco mais difícil. Em outros países, especialmente nos Estados Unidos, encontramos a figura do "mentor", uma espécie de guia do aluno para dificuldades de todo tipo, tanto acadêmicas quanto extraclasse.

No dia-a-dia das escolas de Direito, em conversas com colegas professores tanto do Brasil quanto do exterior, percebe-se que há um grande número de alunos perdidos em suas escolhas quanto ao futuro profissional. O conselho que devemos dar a qualquer um que se inicia numa Faculdade resume-se a uma só palavra: comprometimento.

O estudante de Direito, em particular, tem que saber que deverá comprometer-se com o curso que escolheu, sob pena de ficar pelo caminho ou frustrar-se profissionalmente. A decisão é nossa; mas, uma vez tomada, deverá balizar nossas ações.

A escolha profissional é a nossa vida. A indiferença, o desgosto, a frustração quanto à Faculdade tornarão a existência do jovem algo bem pior do que poderia ser, o que não ocorreria caso a escolha fosse feita corretamente ou existisse o comprometimento. Entregar-se ao conhecimento é gratificante; expandir os limites do intelecto também. Somar a isso prazer e satisfação profissional é o ideal que todos perseguimos: e muitos de nós conseguem.

POR QUE VOCÊ ESCOLHEU DIREITO?

A pergunta número um para qualquer estudante, mergulhado nas tensões do vestibular, é: por que você escolheu Direito? Provavelmente, sua resposta pode estar nesta pequena lista:

- porque meu pai/mãe/irmão/amigo é advogado;
- porque sou bom aluno da área de humanas e Direito é a melhor Faculdade na área;
- porque não sou bom em matemática ou biologia;
- porque poderei fazer um concurso e terei estabilidade financeira;
- porque meus amigos vão fazer Direito;
- porque eu gosto de filmes de tribunal;
- porque não sei o que fazer e acho Direito um campo abrangente;
- porque as pessoas me dizem que nasci para ser advogado.

Se sua resposta é uma das listadas acima, talvez a motivação que você tem para o curso não seja a ideal. Influência de parentes e amigos é reconhecidamente um fator determinante na escolha profissional. Mas, muitas vezes, o jovem nem sequer toma conhecimento sobre quão satisfeita está a pessoa que o aconselha. A segunda e a terceira respostas também não querem dizer muita coisa quanto à vocação: história não se parece com Direito, nem geografia. E aversão a matérias ligadas às áreas de Exatas ou Saúde não gera, necessariamente, aptidão advocatícia. Direito também não é como no cinema, como muitos acreditam. Os filmes (norte-americanos, diga-se) romantizam a nossa profissão: advogados ganham casos com teses inovadoras de última hora, testemunhas causam reviravoltas imprevisíveis, com milhões de pessoas se curvando à eloqüência do advogado. Além de românticos mesmo para um estudante de Direito nos Estados Unidos, o que dizer de um estudante brasileiro que nem mesmo indagará diretamente sua testemunha e, muitas vezes, vai acabar numa sala de audiência do tamanho da sala de televisão de sua casa.

Uma avaliação realista de sua vocação para a Faculdade de Direito precisa ser feita. Para tanto, reflita calmamente sobre os próximos cinco anos e responda às seguintes questões:

- Você gostará de ler muito, debruçando-se sobre livros difíceis, com linguajar técnico, leis e jurisprudências, durante muitas horas do seu dia?
- Você é disciplinado o suficiente para levantar-se e ir à aula todos os dias?
- Você terá paciência de fazer longos trabalhos, sobre assuntos às vezes não tão interessantes, extremamente detalhistas e monótonos?
- Você se sentirá confortável falando diante da turma?
- Você gosta de realizar pesquisas em bibliotecas?
- Você gosta de escrever?
- Você está disposto a aprender a escrever bem, de forma crítica, analítica e lógica?
- Você está preparado para períodos de estresse e cobrança, atendimento a público e assistir a audiências ao final do curso?

Não se assuste com as perguntas acima. O ideal é o aluno estar preparado para o que o está esperando; mas responder "sim" à maioria das questões é um bom sinal. Se você está alarmado, é hora de parar para pensar nos seguintes pontos:

1. O aluno de Direito lê muito. Sem exageros, durante seu curso, muitos volumes de livros terão passado por suas mãos, cópias de textos, apostilas, casos, cadernos e até transcrições de gravações de aulas. Seja realista e prepare-se: se quiser fazer Direito, terá de ler. E muito.
2. Exige-se muita disciplina. Muitos alunos iniciam seu curso acreditando que vão encontrar a mesma atmosfera do ensino médio. Não é verdade. Seja no tratamento, seja no ambiente da sala de aula e, do meio para o final do curso, até na vestimenta para cer-

tas ocasiões, a disciplina será sempre exigida do aluno. Mas não é só isso: você deverá tê-la para comparecer às aulas e estudar com dedicação. Tendo disciplina, você estará se iniciando no comprometimento de que falamos acima.

3. Na Faculdade, muitas vezes você será forçado a competir com colegas por vagas em estágio, por notas, monitorias, trabalhos, em júris simulados, etc. Na grande maioria dessas oportunidades, você terá que estudar sozinho. O isolamento é algo que só aprendemos durante o curso; ninguém nos diz isso, mas é algo que você deve ter em mente. Para que tenha uma boa experiência, saiba que você competirá. E que estará, muitas vezes, sozinho.

4. Você escreverá muito: a palavra é o grande instrumento de trabalho dos operadores do Direito, seja lendo ou escrevendo. Redigir contratos ou peças processuais é a conseqüência de uma boa Faculdade, em que uma das maiores exigências feitas ao aluno é a qualidade da escrita, a boa redação em provas e exames. Sem a palavra, desista. Num processo que dure cinco anos, você usará dela oralmente somente em audiências, que poderão durar, em todo o processo, algumas horas; o restante do tempo, você passará redigindo contestações, petições, recursos, etc. Isso demonstra a importância da redação em nossas vidas. E essa importância se reflete naquilo que será exigido do aluno: escrever de forma impecável.

O último comentário importante neste tópico refere-se a sua escolha de Faculdade, que vai influenciar (e muito) nos itens expostos acima. O primeiro aspecto a ser levado em consideração é a reputação da Faculdade, tanto regional quanto nacionalmente. As famosas dispensam maiores comentários; contudo, não podemos nos esquecer daquelas Faculdades que não são conhecidas pelo país, mas carregam uma boa reputação onde estão instaladas. Se ela estiver localizada em sua futura região de trabalho, ainda melhor. Se quiser fazer concurso público e a Faculdade dá uma boa formação, pouco importará se ela é citada semanalmente na mídia. Em outras palavras, o aluno deve prestar atenção nas posições dos graduados das escolas em análise ("os recém-formados estão conseguindo posições em bons escritórios?"; "a aprovação dos bacharéis daquela Faculdade está sendo alta?", etc). E um outro aspecto, muito esquecido nos momentos de escolha, é a filosofia da instituição: há muitas delas (e todos conhecem alguma) que estão no mercado somente atrás do lucro fácil. Outras, por outro lado, estão realmente interessadas em oferecer uma formação de qualidade. Alguns critérios para que o aluno reflita são: a avaliação do MEC e o índice de aprovação no Exame da Ordem dos Advogados do Brasil. Ainda quanto a esse ponto, deve-se levar em conta a seriedade nas avaliações dos alunos no decorrer do curso; o clima de cooperação ou de egoísmo (competição excessiva); o estímulo a grupos de estudo, matérias opcionais, trabalhos científicos e artigos; a meritocracia (ou seja, o incentivo aos melhores alunos).

Quanto mais informação o estudante tiver em mãos, melhor será sua escolha e, em conseqüência, melhor será sua formação. Obviamente, não podemos nos esquecer de que tudo o que foi dito acima poderá se tornar irrelevante diante das dificuldades financeiras de muitos alunos em nosso país. Nesse caso, ainda que o universo de escolha diminua, observe os critérios acima e faça a melhor escolha possível.

O CÓDIGO DE CONDUTA DO ESTUDANTE DE DIREITO

Em sua passagem pela Faculdade de Direito, você perceberá um fato incontestável: há um comportamento a seguir. Um estudante deve agir na Faculdade de maneira que as coisas fiquem mais fáceis para ele – como, por exemplo, acesso a cadernos de colegas, livros emprestados, conhecimento partilhado, entre outras coisas. Saber se portar na Faculdade fará com que sua vida seja facilitada, você seja respeitado e o ambiente se torne mais humano. Do contrário, cadernos e livros não chegarão até sua mão, tudo o que disser poderá ser contestado e sua experiência educacional pode se transformar num pesadelo (muitas pessoas têm que "trancar" o curso em virtude da pressão que sofrem, esperando pela troca para outra turma).

Diante disso, transmitiremos aqui o Código de Conduta do Estudante de Direito, contendo as regras básicas para uma excelente experiência educacional, que servirá para você durante seus cinco anos na vida acadêmica.

COISAS QUE VOCÊ DEVE FAZER

1. Divida com os colegas suas anotações de classe, seu caderno, sua gravação e seus livros toda vez que alguém precise. Claro que você não precisa fazer propaganda do seu caderno para quem quiser. Dentro do razoável, empreste suas anotações, porque, nesses casos, o que vale é o bom relacionamento que está sendo criado. Com um ambiente positivo em relação a sua pessoa, quando precisar de alguma anotação de um colega, aqueles a quem você ajudou serão os mesmo que o ajudarão agora. É dando que se recebe, também na Faculdade de Direito. Por isso, coloque a competitividade de lado e saiba criar um ambiente agradável. Ninguém ganhará nota melhor por esconder cadernos.

2. Saiba como participar da aula. Quando estiver em dúvida e quiser questionar o professor sobre algum ponto, saiba como fazê-lo, sem que pareça arrogante ou inconveniente. Todos conhecem aquele aluno que, quando abre a boca, todos da sala começam a cochichar sobre sua mania de intromissão, sua prepotência ou falta de bom senso. Até o jeito de colocar um comentário poderá atrair a simpatia dos colegas que pensam como você ou não. Por exemplo, se você não entendeu a diferença entre "prescrição" e "decadência", não diga: "Professor, sua explicação foi confusa". Ou, se entendeu antes de outros colegas, não faça caras e bocas quando eles indagarem o professor. Quando estiver em dúvida, em vez de falar frases do tipo "Eu acho que..." e "No meu ponto de vista...", diga: "Professor, não entendi este ponto específico. O senhor poderia explicar de novo?" Ainda que a sua intenção seja a mesma, a maneira de falar pode fazer toda a diferença a seu favor, não só do ponto de vista dos colegas como também aos olhos do professor.

3. Se for convidado a responder uma pergunta ou ler algum artigo de lei, fale de forma clara e numa altura que todos possam ouvi-lo; por outro lado, se um colega estiver lendo, respondendo ou fazendo uma pergunta, fique em absoluto silêncio. Um dos pontos que mais me intrigam como professor é a mania de os alunos conversarem quando colegas fazem perguntas ou comentários sobre algum assunto da aula ou lêem algum texto legal. Especialmente nos dois primeiros casos, fica a indagação: será que os alunos não percebem que é na dúvida que se aprende? Ou que aquele ponto pode ser seu problema quando for estudar para a prova? Quanto à leitura da lei, se não tiver um código na aula, providencie ou leia com alguém. Só não fique indiferente a tudo e a todos, como se essa postura fosse superior. A perda é sua, pois tanto os colegas prejudicados quanto o professor vão ter uma péssima imagem sua.
4. Não converse durante as aulas. Amenidades, jamais. Comentários sobre a matéria, também não! Por quê? Porque é falta de educação com o professor e com os colegas que querem prestar atenção naquilo que ele está falando. Além disso, é pior para você, que pode acabar perdendo alguma informação útil para seu aprendizado. Silêncio, pois!
5. Mantenha seu senso de humor. Faculdade não deve ter um clima triste e sem graça; aquele lugar será seu ponto de encontro diário por cinco longos anos, por isso faça dele um lugar aprazível, não um cemitério.

COISAS QUE VOCÊ NÃO DEVE FAZER

1. Resista à necessidade de fazer comentários fora de hora, fora do contexto do tema tratado em aula ou carregados de um viés político. Todos conhecem aquele entusiasmado esquerdista ou o conservador extremado que resolve colocar para o público, quase o tempo todo, suas opiniões sobre os temas tratados em aula. Em certas matérias, então, esse tipo tem o "prato cheio" para emitir

suas opiniões cansativas que não atraem atenção dos colegas que querem aprender e não assistir a um comício. Como professor de Direito do Trabalho, sempre tive que lidar de forma muito delicada com pontos de vista totalmente antagônicos. E, nas turmas, sempre há um patrão (ou filho, parente, etc.) e algum trabalhador. Se a cada ponto, o comício se instaurar, as aulas seriam perdidas. Logo, não seja tal pessoa. Guarde suas convicções políticas para os momentos oportunos: se esses não aparecerem, fique quieto.

2. Não seja o aluno chato da sala, extremamente prepotente só porque leu o livro indicado no início do ano e estudou até às 4 da manhã as teorias mais profundas de Direito Constitucional... Conhece o perfil? Esse aluno atrai a antipatia e torna-se um ser de quem todos querem distância (principalmente em vésperas de prova). A verdade é que ninguém quer saber se você acabou seu trabalho com semanas de antecedência ou se sua resposta para aquela questão lhe tomaram várias folhas de papel almaço. Se realmente fez tudo isso, parabéns. Mas não fique dizendo a todos sobre sua competência em ler mais ou redigir mais. Essas condutas atraem a atenção dos colegas em outro sentido: muitos torcerão para que você fracasse, por pensarem que se acha melhor que os outros. Não seja tal pessoa.

3. Este ponto, que ainda será tratado quando falarmos do estágio, é muito importante. Por isso, nunca é demais dizer: sua reputação, fora da Faculdade, conta! Geralmente, você conviverá na Faculdade com 200 a 300 pessoas, as quais você verá todos os dias durante cinco anos. Não é um ambiente grande, até porque seu convívio com uma sala de 60 alunos será diário; não há muita privacidade e as fofocas acontecem. O problema aqui é o seguinte: na Faculdade estão seus futuros colegas de profissão. Muitos juízes sairão dali, muitos advogados (e há muita indicação profissional entre colegas de profissão), também. Então, lembre-se: seja discreto.

4. Evite discussões depois das provas. Quando o exame acabar, sempre haverá aqueles que foram bem e aqueles que "afundaram"; alguns acham que foram bem e não foram, e vice-versa. Portanto, não saia falando que "gabaritou" ou "fechou" a prova. Como vimos, uma postura arrogante jamais fará bem à imagem de qualquer um. Se foi mal, não pergunte como os outros foram, pois isso pode ainda piorar seu estado de espírito. O ponto é: nada de bom sai das discussões pós-prova. Se acha que foi bem e um colega lhe diz que você errou justamente aquela questão que valia muitos pontos, você acabou comprando uma boa preocupação. Ou o inverso pode acontecer: você pode arrasar um colega, dizendo que escreveu duas páginas sobre uma questão que ele respondeu em cinco linhas. Quem se sentirá bem com tudo isso? Sempre alguém sai perdendo. Se a prova acabou, acabou; nada vai mudar o que foi escrito ou dito. Siga em frente.

5. Nunca discuta notas com colegas. Nada de bom sai dessa discussão (como no item acima). Se suas notas são melhores do que as do seu colega, ele vai se sentir mal ou vice-versa; até porque existem aqueles alunos que sempre dirão que tiraram notas melhores. Assim, se alguém perguntar qual foi sua nota, diga que você não discute notas, e pronto.

AVALIE SEU DESEMPENHO

Para que você tenha um bom rendimento nos estudos, torna-se importante conhecer suas fraquezas e seus pontos fortes. Por isso, um aluno deve se auto-avaliar. Terminadas as provas, sente-se e coloque no papel, disciplina por disciplina, as respostas às perguntas que colocaremos a seguir. Elas nada mais são do que um "raio X" do seu comprometimento. Após ter respondido a todas as questões (de forma honesta e completa), essa espécie de teste vai servir para que você conheça as matérias que precisam de mais estudo, aquelas em que as notas não corresponderam ao tempo dedicado e assim por diante. A partir desses dados, sua preparação para o próximo semestre está pronta.

1. Qual o nome da disciplina?
2. Qual foi minha nota na prova?
3. Quantas são as aulas por semana?
4. A quantas aulas faltei?
5. Eu li todo o material recomendado?
6. Qual o estilo do professor?
7. Onde eu me sentava durante as aulas (frente, meio ou fundo)?
8. Eu me sentei perto de amigos ou outro foco de distração?
9. Qual a obra mais utilizada?
10. Como foi meu uso dessa obra?
11. Participei de algum grupo de estudo?
12. Como foram minhas anotações no caderno?
13. Elas foram úteis para meu estudo?
14. Eu fiz alguma prova antiga a título de treinamento?
15. Qual o estilo da prova do professor: com ou sem consulta?
16. As questões eram discursivas, de múltipla escolha ou mistas?
17. Houve algum trabalho para casa?
18. Como foi minha noite antes da prova?
19. Quantas horas eu dormi?
20. Onde eu me sentei durante a prova?
21. Eu me distraí durante a prova?
22. Li as questões calmamente e rascunhei uma resposta?
23. Organizei bem minhas respostas?
24. Tive problemas com o tempo de prova?
25. Mais algum comentário?

Ótimo! Agora você tem um relatório sobre seu aproveitamento em cada disciplina. Utilize-o a seu favor e trabalhe para melhorar sua experiência acadêmica.

Conseguindo um bom Estágio

Antes de entrarmos exatamente na advocacia, nada mais apropriado do que falar do período do estágio, onde nossos caminhos podem ser escritos para o resto da vida. Conseguir um estágio em algum escritório não é difícil: a grande dificuldade é encontrar um bom estágio em um bom escritório, o que depende de vários fatores, que veremos a seguir.

O QUE OS ESCRITÓRIOS PROCURAM?

Todo escritório procura um estagiário que tenha uma série de qualidades que você precisa conhecer. Obtendo o perfil desejado, suas chances aumentam. O que todo estudante deve ter em mente são três metas: 1) conseguir uma boa posição num escritório; 2) obter conhecimentos suficientes para iniciar uma prática própria; 3) a partir dos itens anteriores, obter sucesso e prazer na profissão.

As qualidades prezadas na procura por um estágio, além dos óbvios conhecimentos de informática e inglês, são:

1. Um excelente serviço, seja escrito (petições, defesas, etc.), seja oral, seja na relação com os clientes e colegas.
2. Flexibilidade, ou seja, a capacidade de lidar com situações novas, diferentes personalidades e tarefas.
3. Compreensão sobre as metas do escritório.
4. Entusiasmo. Empregadores apreciam o estagiário que está sempre interessado nos projetos a ele confiados.
5. Expectativas realistas sobre seu trabalho.
6. Vestir-se e agir apropriadamente.

COMO É FEITA A ESCOLHA?

1. *Job Fairs* (Feiras de emprego)

Este é o sistema geralmente adotado pelos grandes escritórios. Convém, antes de falarmos sobre as formas de escolha, esclarecer o que vamos chamar de "grande escritório".

Grande escritório é aquele que possui uma estrutura organizacional típica de uma empresa; são verdadeiras corporações, geralmente com um número significativo de advogados, quadro de carreira e cobrança por hora. Em sua quase totalidade, situam-se nas grandes capitais, como Rio de Janeiro, São Paulo, Belo Horizonte e Brasília. No fim do livro, no Apêndice I, encontram-se *rankings* de escritórios brasileiros, dentre outros comentários.

Tendo em vista seu tamanho e estrutura, tais empresas têm formas próprias de contratação de estagiários, seguindo um padrão estabelecido pelas grandes firmas (*firms*) norte-americanas.

O padrão seguido tem origem nas *Job Fairs*, ou seja, as feiras de emprego que correm pelas Universidades país afora. Nos Estados Unidos, por exemplo, há as épocas do ano em que os escritórios de advocacia vão até as Faculdades de Direito e começam a "disputar" os melhores alunos. O intuito, obviamente, é conseguir os estagiários mais capacitados, que poderão se tornar bons profissionais para a firma. O primeiro contato é feito, portanto, na Faculdade de Direito.

Nessas feiras, os alunos interessados vão até o *stand* de determinado escritório e recebem informações sobre ele, tais como horário, áreas de atuação, ambiente de trabalho, dentre outras; numa segunda fase, os alunos deixam seus currículos, para que o escritório possa, então, chamar aqueles alunos que mais lhe interessaram para uma entrevista, feita no escritório. Nos Estados Unidos, tais entrevistas duram um dia inteiro, e o futuro estagiário é sabatinado por mais de um advogado (geralmente, até almoça com um advogado associado); se agradar, será chamado para iniciar seus trabalhos naquela firma.

Esse estilo já vem sendo adotado em algumas cidades do Brasil, especialmente São Paulo, a capital da advocacia brasileira. Em grandes Faculdades, os escritórios buscam seus futuros estagiários na fonte, por meio de uma boa análise do rendimento daquele aluno nos estudos.

2. Indicação

Outra forma de se conseguir uma posição como estagiário é com uma indicação. É uma categoria bem ampla: vai desde a indicação de um parente até aquela feita por um professor, por exemplo. Escritórios menores e advogados "solo" têm, em geral, a indicação como critério de escolha. Tendo em vista, muitas vezes, o caráter personalíssimo desse tipo de contratação, o que se pode fazer é o básico: possuir boas notas durante o curso, ter uma rede de relacionamentos (*networking*) e estar atento para as chances que aparecerem.

3. Avaliação

Muitos escritórios preferem aplicar provas para estudantes, a fim de escolher aqueles que possuam os melhores desempenhos. É um critério que exige do aluno sólida formação acadêmica e uma boa dose de calma nas provas. As desvantagens são aquelas conhecidas de qualquer exame definitivo: não se faz uma verdadeira seleção com uma prova isolada.

A avaliação é feita, geralmente, da seguinte forma: uma redação sobre algum tema jurídico aplicado a uma situação prática, em que o candidato deverá demonstrar seus conhecimentos técnicos; uma prova de inglês, hoje indispensável em qualquer profissão; e a prova psicológica, por razões óbvias. Logo após a primeira fase, vem a etapa das entrevistas, em que outros pontos serão avaliados: interesses, por que escolheu aquele escritório, o que espera, etc.

É um critério muito difundido também nas grandes capitais.

COMEÇANDO COM O PÉ DIREITO

Antes de começar o estágio, há alguns preparativos que podem ajudá-lo logo de início.

Primeiramente, é importante saber o nome das pessoas com quem você irá trabalhar, não só dos advogados, mas também das secretárias, paralegais, etc., o que criará um ambiente mais amistoso. Além de saber seus nomes, deve-se tratá-los de forma simpática e amigável; isso contará pontos a seu favor, principalmente em futuras considerações para transformá-lo em advogado efetivo.

Um segundo ponto de extrema importância é a vestimenta. No momento das entrevistas, veja como seus futuros colegas se vestem: acompanhando-os no modo de vestir, não haverá erro. Quanto ao estilo, para não haver erros, seja discreto e conservador. O advogado, regra geral, tem essas características ao se vestir.

Procure saber o máximo sobre o escritório, sua dinâmica, sua estrutura, seus sócios, quem comanda determinado departamento, etc. É claro que algumas coisas só serão totalmente compreendidas no decorrer do dia-a-dia de trabalho, mas o máximo de informações que puder conseguir, melhor. Saber quem são os sócios problemáticos, ou o verdadeiro manda-chuva, isso tudo poderá facilitar sua vida lá dentro.

Se quiser, por fim, com o tempo, ter um *plus*, guarde as datas de aniversário de seus colegas, dos funcionários administrativos e paralegais e, se possível, faça-lhes um agrado. Tal ato demonstrará o tipo de pessoa que você é: aquela com quem, definitivamente, as pessoas gostariam de trabalhar. Não custa nada ser um bom colega.

É fundamental obter todos os detalhes administrativos, antes de começar a trabalhar. Entre em contato com a pessoa apropriada e anote os seguintes lembretes:

- a data de seu começo;
- a que horas deve chegar;
- onde estacionar, se for de carro;
- no primeiro dia, se é necessário algum documento;
- se ainda tiver dúvidas, o que vestir.

No dia anterior ao começo, durma bem para parecer bem disposto e demonstrar o entusiasmo ao qual nos referimos no início do livro.

O DIA-A-DIA NO ESTÁGIO

1. O primeiro conselho para o novo estagiário é: leve seu trabalho a sério. É muito comum aquele estudante de Direito que pensa que, pelo fato de ainda não ser formado, as responsabilidades são atenuadas; no entanto, não é essa a verdade. A tarefa confiada a um estagiário, aos olhos de um sócio, é de extrema importância. A diferença reside na complexidade, não nas conseqüências, que podem ser graves, mesmo para uma simples petição que você, por exemplo, se esquece de protocolar. Portanto, você não está num escritório para brincar de aprender: você está lá para trabalhar e aprender. Então, aqui vai a primeira regra:

Regra n.º 1: Leve suas tarefas a sério.

2. A segunda regra é bem simples, mas desconhecida pela grande maioria dos estagiários com a qual eu lidei: trabalhe para a maior quantidade de pessoas que puder. Mas somente até onde você conseguir agüentar, realizando um bom trabalho. A finalidade aqui é mostrar sua competência para um bom número de pessoas.

Regra n.º 2: Trabalhe para o maior número de pessoas possível.

3. A terceira regra diz respeito a sua capacidade intelectual. Ter uma boa redação é fundamental e quase todos os sócios e associados (sérios) que conheci disseram que a qualidade na redação é um dos pontos principais na análise de um estagiário candidato a advogado. Os conselhos para que uma pessoa tenha qualidade em seus textos são os de sempre: em primeiro lugar, deve-se ler muito, não apenas a parte de esportes do jornal ou a revista de moda do mês. Ler jornais é fundamental, se possível um de alcance nacional e um de negócios. Se morar numa cidade que tenha jornal local, sua leitura é obrigatória. A escolha de jornais não é aleatória: você deve conhecer as notícias nacionais e internacionais, deve saber o que se passa na cabeça dos empresários e formadores de opinião, e sobre o PIB (Produto Interno Bruto) do país, além de estar por dentro do que acontece em sua cidade e região. Daí a escolha desses três tipos de conteúdo jornalístico; uma revista semanal também conta pontos. E, para dar ainda melhor requinte ao seu estilo (e poder argumentativo), ler bons livros.

Regra n.º 3: Redija bem.

4. Se você já tem uma área de atuação que o atrai e está certo de que é com ela que quer trabalhar, vá até o especialista dessa área, demonstre seu interesse e veja o que eles procuram num advogado. Aprenda o máximo, pois, caso você não receba uma oferta de trabalho permanente, pelo menos terá adquirido ferramentas para começar a trabalhar por conta própria ou em outro escritório.

Regra n.º 4: Se tem certeza daquilo com que quer trabalhar, corra atrás de sua meta.

5. Não fuja do trabalho só porque seus horários são flexíveis. É muito comum um estagiário achar que não deve cumprir os mesmos horários dos advogados; é claro que você terá maior liberdade, mas isso não significa que você poderá faltar ou ir embora mais cedo a cada espirro ou a cada trabalho na Faculdade. O entusiasmo se mostra na disponibilidade, o que poderá fazer de você aquele de que todos se lembram quando pensam em alguém que vale a pena contratar. Se não tiver realmente nada para fazer, converse com seu superior e veja se realmente você pode sair.

Uma dica é importante: se você ficar além do horário trabalhando, faça com que vejam. Isso contará pontos a favor.

Regra n.º 5: Leve seus horários a sério.

6. Não se dedique somente aos trabalhos escritos. Se aparecer alguma oportunidade de ir a alguma audiência ou algo do tipo, vá e deixe as petições e contestações para depois. A prática é vital em seu aprendizado e todo empregador gosta daqueles interessados nela.

Regra n.º 6: Aprenda a prática, não só a redação de peças.

7. Respeite os prazos. Por mais tola que possa parecer sua tarefa, se uma data foi estipulada, obedeça-a. Se estiver atolado, com excesso de serviço, fale com seu supervisor. Peça mais tempo e explique sua situação: ele compreenderá e você evitará o constrangimento de ser o responsável pela perda de um prazo. Lembre-se sempre: advogados trabalham com prazos, esta é a sua vida. Se não conseguir lidar com isso no estágio, a conclusão de seus patrões é de que você também não conseguirá depois de formado, quando a vida profissional é muito mais corrida e estressante.

Regra n.º 7: Respeite os prazos.

8. Uma característica perceptível em alguns estagiários é a diferença em sua dedicação a determinadas tarefas, dependendo de quem a pediu. Em outras palavras: para os sócios seniores, excelente trabalho, dedicação em tempo integral; para um associado recém-formado, serviço de qualidade dúbia e má vontade. Não cometa esse erro: faça bom trabalho para quem quer que seja. Você deve

ter uma boa reputação entre todos. Tenha em mente que, no momento da avaliação para análise de sua contratação, aqueles que trabalharam com você serão escutados. E perderá pontos se disserem: "Ele é desatento", "Ele não leva nada a sério" ou "Ele é desinteressado". Quanto à forma de tratamento, seja respeitoso com todos a sua volta, em especial com os advogados seniores; pelo fato de eles serem mais velhos, um tratamento diferenciado se faz necessário, o que não quer dizer que você deverá ser um puxa-saco. Seja honesto. E não trate os advogados mais jovens com excesso de intimidade, gozações ou piadinhas. Seja simpático e não se esqueça: no escritório, eles são seus superiores; deixe o excesso de intimidade para fora do escritório.

> Regra n.º 8: Faça um bom trabalho para quem quer que seja. Respeite a todos.

9. Não reclame do seu trabalho. Se a tarefa é extremamente maçante ou se você a considera abaixo de sua capacidade intelectual, não saia reclamando pelos quatro cantos. Nem tudo na advocacia é empolgante e, por meio desse tipo de trabalho, você terá noção daquilo que espera por você e, por menor que seja, é importante aos olhos de seus superiores e dos clientes.

> Regra n.º 9: Não reclame do seu trabalho.

10. Seja pontual. Conheço um grande número de advogados que se atrasa com freqüência, sempre inventando desculpas para cada um dos atrasos. Não se torne um atrasado crônico: você será avaliado em todos os sentidos e pontualidade conta, e muito. Por essa pequena característica, patrões conseguem ver qualidades adiante: responsabilidade, comprometimento e organização. Obviamente, você quer ser reconhecido pelas suas qualidades. Então, não deixe clientes ou advogados esperando a sua chegada: esteja lá no horário.

Regra n.º 10: Seja pontual.

11. Você ainda é um estagiário, mas o segredo profissional já vale para você. Portanto, mantenha confidencial aquilo que lhe é dito entre as quatro paredes do escritório, mesmo que esteja empolgado com seus casos e queira dividi-los com colegas de sala, familiares, etc. Você pode colocar em risco a relação que existe entre o cliente e seus superiores/advogados; as conseqüências podem ser sérias e lhe valer uma má reputação.

Regra n.º 11: Respeite o sigilo profissional.

12. Se você não estuda numa Faculdade de primeira linha ou se não tem as melhores notas de sua sala, não se preocupe. Se você se tornou estagiário nesse escritório, é porque eles confiam em sua capacidade, independente disso. A dica aqui é: agarre a chance oferecida e prove que você não é o reflexo de suas notas ou Faculdade. Convença seus superiores de seu empenho, inteligência e capacidade: você tem esse poder. Geralmente, alunos de Faculdades não consideradas de primeira linha, quando têm a oportunidade de demonstrar sua habilidade, fazem-no de forma brilhante, que agrada a seus superiores. A garra e o empenho são diferenciais marcantes. Pergunte a qualquer empresário: ele sempre vai dizer coisas excelentes sobre quem veste a camisa do escritório, trabalha para o seu crescimento, não age como uma prima-dona desvinculada dos fins da firma. Demonstre que o crescimento do escritório é sua meta, pois você crescerá junto; seus pontos estarão garantidos. E não esqueça jamais: o desempenho na Faculdade conta pontos para você aos olhos dos seus superiores. Não relegue para segundo plano seu histórico escolar, pois é ele a base para o conhecimento a ser aplicado no escritório. Os grandes escritórios mantêm controle sobre o desempenho escolar de seus estagiários; alunos relapsos não terão vez.

> Regra n.º 12: Se não estuda na melhor Faculdade, mostre que você é o melhor estagiário. E não se esqueça: seu desempenho na Faculdade conta ponto.

13. Esta regrinha vale para aqueles que estudam em Faculdades de primeira linha e consideram que já têm tudo pelo simples fato de lá estudarem. De nada adianta ser o melhor aluno de instituições destacadas, se você não faz seu serviço bem-feito; e arrogância não substitui uma perfeita petição. Faculdade boa não é sinônimo de estagiário bom. Você deve se dedicar para fazer jus àquilo que esperam de você e de seu trabalho, portanto, não se assente sobre os louros de uma vitória que ainda está bem longe. Fique atento. Você não é um astro, a quem todos devem olhar com admiração só porque foi aplaudido durante toda a sua carreira acadêmica. Compartilhe dos objetivos do seu escritório, use todo o seu conhecimento, prestígio e boa reputação como estudante a seu favor no ambiente de trabalho. A arrogância vai lhe custar preciosos pontos. Conheço um caso bem exemplificativo: um sócio de um grande escritório contratou um aluno brilhante, fluente em várias línguas, conhecedor profundo do Direito Constitucional alemão e português, mas extremamente prepotente, achando-se sempre acima daquilo que lhe era passado como atividade, tratando os demais estagiários como se fossem seus subordinados. Outro estagiário, com menos bagagem intelectual e formado em Faculdade de segunda linha, acabou ficando com a vaga, tirando essa diferença no

empenho demonstrado durante todo o estágio, jamais negando as tarefas a ele transmitidas, muito pelo contrário: o entusiasmo dele lhe garantiu a vaga. Portanto, não se deixe iludir pelo rendimento acadêmico e pela boa Faculdade. Muito mais está em jogo. E não se esqueça jamais: seu desempenho na Faculdade conta ponto (vide regra n.º 12 acima).

> Regra n.º 13: Se estuda na melhor Faculdade, faça jus a ela e mostre que é o melhor estagiário. E não se esqueça: seu desempenho na Faculdade conta ponto.

14. Não utilize o escritório de forma inadequada. Não use o telefone do escritório para contar sua noitada de ontem para seu melhor amigo de Cuiabá; nem fique enviando *junk-mails* (aqueles *e-mails* de piadas, animações, etc., que considero muito cansativos) de seu computador. Quanto à internet, tenha cuidado, muito cuidado, com os *sites* que visita.

> Regra n.º 14: Use Internet, *e-mail* e telefone apropriadamente.

15. Não deixe sua vida noturna atrapalhar seu trabalho. Este é um conselho importante para aqueles estagiários que sacrificam a vida diurna por uma boa noitada. Seu fim de semana está livre, então caia na gandaia nas sextas e sábados; se sua ressaca interferir no seu trabalho, você pode acabar ficando só com ela.

> Regra n.º 15: Não deixe sua vida noturna interferir em seu estágio.

16. Também é oportuno tomar cuidado com a interferência dos afazeres pessoais em sua vida profissional; tente evitá-la. Fazer compras, buscar pessoas em aeroportos, ir ao dentista são coisas que devem se adequar a sua vida profissional, não o inverso. Portanto, tente agendar seus afazeres pessoais de forma que não se tornem habituais. Inúmeros advogados me confidenciaram que já tiveram estagiários com tais características: e suas preferências não recaem sobre tais estagiários.

> Regra n.º 16: Não deixe os afazeres particulares atrapalharem sua vida profissional.

17. Em médios e grandes escritórios, você pode se ver em meio a brigas políticas internas, afinal, como disse Aristóteles, o homem é um animal político (portanto, até em pequenos escritórios, isso pode acontecer, embora com menos intensidade). A dica é: não tome partido. Você está ali de forma transitória e escolher um lado pode lhe custar muito caro. Um estagiário não pode fazer inimigos, mesmo porque não conhece suficientemente os fundamentos daquelas facções existentes dentro do escritório.

Outro ponto correlato a este diz respeito a fofocas dentro do escritório: não participe delas. Tome cuidado com aquilo que fala e com quem fala. E não se torne também um delator de outros estagiários, a não ser que seja especificamente perguntado sobre a conduta de alguém que esteja influindo negativamente nos serviços da firma. Se souber de alguma coisa exterior ao trabalho, não há porque misturá-la com o escritório.

> Regra n.º 17: Mantenha-se longe de brigas políticas e fofocas do escritório.

18. Quando estiver em eventos sociais, não se libere por completo. Escutei um caso interessante sobre esse tópico. Depois de um curso para determinado número de alunos, o escritório X iria convidar alguns deles para estagiarem lá; vale ressaltar que todos eram

muito bons estudantes, com notas excelentes, que passaram por rigorosa seleção para chegarem até ali. Ao fim do curso, foi dada uma festa, com muita comida e bebidas, inclusive alcoólicas. Disse-me um dos selecionados: "Vários colegas começaram a beber descontroladamente. Ficaram completamente bêbados e inconvenientes. Qual não foi a minha surpresa quando li a lista dos estagiários selecionados: não constava nenhum daqueles que se embriagaram na festa". Portanto, não beber é uma sábia decisão; mesmo que sócios e associados estejam embriagados, não caia na armadilha de se embebedar também, você está sendo observado e, como se sabe, bêbados perdem o controle. Por mais que se considere contido, se você passar dos limites, nunca saberá se suas atitudes foram normais ou constrangedoras. Use técnicas para escapar da pressão para beber: tome pequenos goles de seu copo; beba vagarosamente água e refrigerantes entre as cervejas, etc.

O conselho vale não só para bebidas, mas para outros tipos de inconvenientes: brincadeiras bobas, assédio ostensivo a alguém, principalmente se forem sócios. Fique esperto, pois haverá festas antes e durante seu período de estágio, e você estará sendo observado em todas elas. Logo, aproveite para somar pontos, estando sempre atento, transmitindo simpatia, mantendo conversas interessantes. Você deve tomar cuidado com os exageros, mas não pode se tornar um chato. Seu trabalho não diz tudo o que você é: seus superiores querem conhecê-lo além de suas petições e contestações. Socialize-se! Aproveite a festa! Sem exageros, assédios constrangedores ou comas alcoólicos, obviamente.

Regra n.º 18: Mantenha a postura em eventos sociais e aproveite!

19. Se for convidado para festas na casa de sócios, compareça. Se souber praticar algum esporte, pratique com seus colegas. É nesses eventos que o estagiário se socializa de verdade, portanto, não fique completamente na defensiva. Esteja aberto para as oportunidades de socialização com seus colegas de escritório; além de criar um laço de amizade que melhorará o ambiente de trabalho, você poderá se divertir com seus novos colegas e amigos fora do escritório.

Regra n.º 19: Aproveite as chances para se socializar.

20. Mesmo se o evento, festa, jogo de tênis etc., estiver extremamente enfadonho e monótono, haja como se estivesse gostando. Afinal, a idéia para o *happening* partiu de um sócio e você não quer ofendê-lo. Aprenda a gostar e veja o lado positivo de qualquer evento; por isso, ainda que esteja jogando tênis com um péssimo jogador, cuidado para não transparecer seu aborrecimento. Quem sabe, com o tempo, seu adversário melhore? O mesmo vale para festas: se estiverem maçantes, aprenda a curti-las da melhor forma. Caso o evento seja realmente insuportável, torne-o suportável; jamais seja o antipático ou mal-humorado do grupo.

Regra n.º 20: Jamais seja o antipático ou mal-humorado do grupo.

21. Seja simpático com todos aqueles que constituem o pessoal administrativo do escritório. Trate-os bem, com atenção e respeito; não seja um senhor de engenho, considerando-os como escravos. Se tratá-los com crueldade, arrogância, antipatia, superioridade, etc., são grandes as suas chances de terminar o estágio na rua. Ou você acredita que secretárias não são consultadas sobre sua conduta no dia-a-dia? Portanto, tenha inteligência social e trate a todos bem, seja pedindo educadamente as tarefas necessárias, seja agradecendo pelos serviços prestados, dentre inúmeras outras pequenas atitudes que vão fazer seu dia no escritório mais prazeroso. Afinal, ninguém gosta de ser recebido com desprezo por aquelas pessoas com as quais convivemos todos os dias, durante um bom tempo, não é verdade?

> Regra n.º 21: Seja simpático com o pessoal administrativo (secretárias, paralegais, etc.).

22. Sempre busque saber como foi sua atuação em determinada tarefa: *feedback* é muito importante. Você deve saber como anda sua estrela no escritório, por isso pergunte se aquela petição está satisfatória ou qual o resultado daquele memorando para o cliente. Mantenha-se informado sobre seu desempenho e sempre pergunte "em que posso melhorar?" Se houver críticas a seu desempenho, não as leve para o lado pessoal ou tome ódio do autor da crítica: tente melhorar seus próximos trabalhos. Tenha uma atitude de sempre buscar o aperfeiçoamento, fique otimista e isso dará a idéia de que você está atrás da superação. E essa é uma boa impressão para qualquer futuro empregador.

> Regra n.º 22: Busque *feedback*. E tente melhorar seus pontos fracos.

CONCLUSÃO

Vistas as 22 regras básicas do dia-a-dia do estagiário, chegamos à questão dos objetivos de seu estágio. Você terá que observar muitas coisas. Mas a pergunta fundamental é: será que o estágio vai me ajudar a conseguir o que desejo para minha carreira profissional e para minha vida de um modo geral? E, para responder a essa questão, outras dúvidas surgirão e deverão ser respondidas: gosto das pessoas com quem trabalho? Eu me sinto bem neste ambiente? Sinto prazer no que faço ou virei a fazer aqui? Terei uma vida familiar equilibrada?

As respostas serão um roteiro de como você vê seu trabalho e sua profissão em confronto com o que planeja para sua vida. Muitas dessas perguntas você conseguirá responder simplesmente observando os atuais advogados do escritório, suas vidas particulares, seu nível de estresse ou de bem-estar. Outras, você responderá fazendo uma auto-análise, medindo seu grau de satisfação no trabalho e realização pessoal.

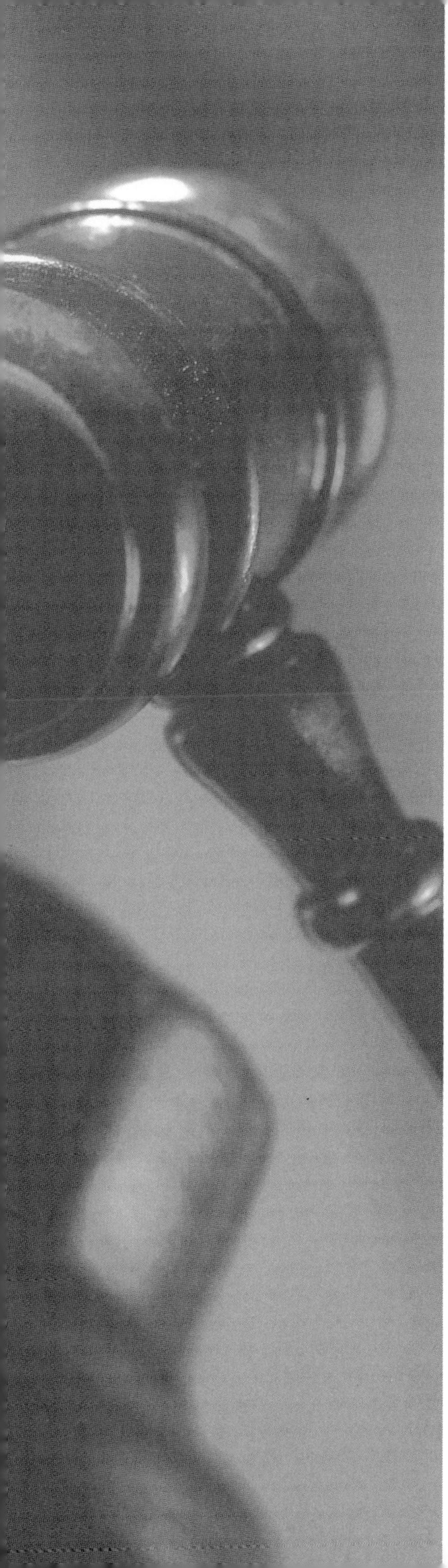

Tornei-me um Advogado. E agora?

É a pergunta que todo formando se faz: e agora? Formar-se não é nada fácil. Apesar de nosso desejo de acabar a Faculdade para trabalhar e ter independência financeira, quando o momento chega, não estamos totalmente preparados. É como dizem: "O sexto ano de Faculdade é o mais difícil". E isso é verdade. Antigamente, formar-se em Direito e começar a vida advogando era muito fácil em nosso país: não havia os temidos, mas necessários, exame da OAB, Provão, nada disso. Era formar-se, receber a carteira e trabalhar. Hoje, as coisas estão mais difíceis, não só por causa desses exames, mas também pela enorme concorrência no mercado de trabalho. O número de Faculdades de Direito é crescente, os bacharéis são numerosos, e o mercado de trabalho, saturado.

Nesse ambiente, um bacharel pode escolher um caminho, dentre vários que se abrem a sua frente.

Ele poderá:

- Estudar para concursos públicos, sozinho ou em cursinho preparatório.
- Seguir carreira acadêmica (pós-graduação: especialização, mestrado e doutorado) para trabalhar com pesquisa ou magistério.
- Advogar em escritório já estabelecido.
- Advogar em escritório próprio, com ou sem sócios.

É, meu amigo formando, a maturidade profissional está chegando, os caminhos estão abertos e é hora de se definir. Você deve ter em mente a satisfação profissional e planejar sua vida para alcançá-la. Assim, evitam-se o estresse e a ansiedade, muito comuns nos recém-formados. Se você tem dúvidas, nada melhor do que uma sincera auto-avaliação.

E, para uma excelente escolha, saiba quais são os prós e os contras da prática da advocacia:

Prós	**Contras**
Desafio intelectual.	Trabalhar com pessoas difíceis.
Possibilidade de ganhar bem.	Não ganhar o suficiente.
Status.	Prazos constantes.
Prestígio.	Repetição.
Autonomia.	A imagem pública da profissão.
Variedade.	Não ter controle sobre seu horário.
Sensação de vitória.	Ansiedade.
Flexibilidade.	Ser o responsável por sérias conseqüências.
Relação com clientes.	Culpa quando o cliente pagar pelo seu erro.
Acesso a organizações e eventos.	Muitas horas de trabalho.
Possibilidade de ajudar o próximo.	Limites à possibilidade de ajudar.
Solucionar problemas.	Imprevisibilidade.
Poder de influenciar os outros.	O sistema do contraditório e os atritos constantes.

Conhecer as características de sua carreira é o melhor meio de prevenir problemas de insatisfação profissional. Agora, você pode fazer a escolha ideal.

TRABALHANDO NUM ESCRITÓRIO

Se você trabalha ou deseja trabalhar num escritório já estabelecido, há muito a aprender. E muitas dicas dadas aqui serão úteis para todo advogado, mesmo aquele que trabalha sozinho. Lidar com clientes, colegas e até juízes será objeto de nosso capítulo. Portanto, sigamos em frente. Antes, porém, vejamos o que dispõem a Constituição da República e o Estatuto da Advocacia e da OAB (Lei n.º 8.906/94) sobre nossa profissão:

CONSTITUIÇÃO FEDERAL DE 1988

Art. 133. O advogado é indispensável à administração da justiça, sendo inviolável por seus atos e manifestações no exercício da profissão, nos limites da lei.
ESTATUTO DA ADVOCACIA E DA OAB
TÍTULO I
DA ADVOCACIA
CAPÍTULO I
DA ATIVIDADE DE ADVOCACIA
(...)

Art. 2.º O advogado é indispensável à administração da justiça.

§1.º No seu ministério privado, o advogado presta serviço público e exerce função social.
§2.º No processo judicial, o advogado contribui, na postulação de decisão favorável ao seu constituinte, ao convencimento do julgador, e seus atos constituem múnus público.
§3.º No exercício da profissão, o advogado é inviolável por seus atos e manifestações, nos limites desta Lei.

1. Advocacia é uma arte e um sacerdócio – mas também é *business*.

Este ponto é de suma importância. A advocacia é uma arte, função indispensável à administração da justiça e possui papel fundamental na sociedade. Mas não se esqueça: escritórios existem com a finalidade de conseguir lucro e você é parte nessa luta. Por mais que tenha sentimentos altruístas (e você até poderá dar vazão a eles numa advocacia *pro bono*), se sua decisão foi advogar em um escritório, você vai ter que ser lucrativo.

Entender seu negócio é o primeiro passo. O escritório de advocacia é uma empresa como qualquer outra. O que nós, advogados, vendemos é tempo, e nossa meta é conseguir clientes que o comprem. Nosso negócio é angariar e manter clientes. Se você trabalha num grande escritório, de início você será útil pelo seu trabalho. Com o passar do tempo, as exigências mudam: a fim de encontrar o caminho para se tornar sócio, você deverá atrair clientes. Seus chefes, para pagarem seu salário e auferirem lucro, precisam de clientes; e eles prezarão muito mais os associados que têm a capacidade de atraí-los do que aqueles que simplesmente "têm uma boa redação". Não que esses não sejam reconhecidos: eles serão. Mas aos olhos de um patrão, o indivíduo que traz dinheiro para a firma é quem chama a atenção, ou seja, bons profissionais, com boa técnica, são mais fáceis de substituir do que um advogado que traz clientes para a conta da firma. Afinal, como diria o advogado do filme **O veredicto**[1], "são os clientes que pagam meu *whiskey*, minha caridade, meu *pro bono*, este escritório".

Conclusão: A luta pela clientela deve ser também a sua, se você possui algum desejo de subir na hierarquia dentro do seu escritório.

2. Como conseguir clientes?

No início de seu caminho como advogado associado numa grande firma, não é fácil conseguir clientes, não só pela falta de treinamento para tal, mas pela falta de contatos que permitam que isso ocorra. Quanto maior e mais complexa a estrutura, mais frias e distantes são as relações. Em escritórios menores, pode ser que seja mais fácil, devido à estrutura menos complexa, pelo contato muito grande do advogado com os clientes, o que pode gerar a famosa indicação boca a boca. Nas grandes firmas, tudo muda: a estrutura mais complexa, de início, não

[1] **O Veredicto** (*The Verdict*). Diretor: Sidney Lumet, 1982

permite ao associado atuar diretamente com o cliente, havendo uma atuação no *backstage*.

Como dissemos acima, não basta capacidade técnica. Para que o dinheiro venha na quantidade que você deseja, trabalhe e melhore uma ferramenta indispensável: a habilidade em lidar com pessoas. É o primeiro passo para pensar em buscar clientes para sua firma. Obviamente, e nunca é demais repetir, bom trabalho conta. Nenhum cliente gostará de ter um advogado que perde prazos ou não sabe o que significa a tal da prescrição. Mas, como já dissemos, profissionais competentes existem em grande quantidade, principalmente num país com tantas Faculdades de Direito, como o Brasil. Na carnificina do mercado jurídico (desculpem-me o termo, mas vivemos numa economia de mercado), a escolha de um escritório vai ocorrer seguindo vários critérios; e a doutrina e a jurisprudência não estarão lá para ajudar. Será necessário um *plus*. Habilidade em lidar com pessoas será de grande ajuda para seu sucesso.

Como criar tal tipo de habilidade? Como ter essa inteligência social? É importante ressaltar que não se deve tornar-se uma espécie de político enfadonho, artificial e falso; são tipos de figura facilmente detectados e não possuem a credibilidade aconselhável a um advogado, profissional que sobrevive da confiança dos clientes. Deve-se buscar o equilíbrio entre a imagem de seriedade e a abertura para o diálogo. A principal arma de um advogado é a sincera preocupação com a situação de seu ouvinte: ouvir com atenção, entender o cliente, atender as pessoas de forma sincera e simpática são caminhos para se conseguir a inteligência social.

Além dessa habilidade, outros caminhos são importantes para se alcançar o tão desejado cliente. Escrever artigos pode torná-lo referência sobre determinado assunto. Sempre é um bom *marketing* demonstrar conhecimentos; lembre-se, você está criando uma carreira e ela deve ser de sucesso. Partilhar conhecimento jurídico por meio de artigos pode levá-lo a se tornar

referência em determinado assunto e, em conseqüência, ser alvo de entrevistas e reportagens. Tudo isso pode ajudar a firmar sua imagem como bom advogado.

Também grandes casos podem dar imensa visibilidade. Se no seu escritório há algum caso de grande repercussão, envolva-se no processo; além dos conhecimentos jurídicos, você ganhará exposição.

Por fim, é de grande valia observar aqueles em seu meio que obtiveram grande sucesso na profissão, sempre tendo a ética como norte. Veja o que eles fizeram para chegar lá e, se for possível, aja como eles.

Para complementar nossa análise sobre a captação de clientes, não podemos esquecer o alto controle de publicidade em relação à advocacia. Vejamos o que dizem as normas a respeito disso:

Provimento N.º 75/92

Dispõe sobre publicidade de atividade advocatícia. (*)

O CONSELHO FEDERAL DA ORDEM DOS ADVOGADOS DO BRASIL, no uso das atribuições que lhe são conferidas pelo art. 18, IX, da Lei n.º 4.215/63, de 27 de abril de 1963, tendo em vista o disposto na Seção 1, inciso II, letras c e d, do Código de Ética Profissional, e o decidido no Processo n.º 3.450/80/CP,

RESOLVE:

Art. 1.º A publicidade dos serviços do advogado será feita moderadamente, indicando apenas o nome, acompanhado sempre do número de inscrição na OAB e, facultativamente, dos títulos e especialidades na área jurídica, endereços profissionais, horários de expediente, números de telefone e demais meios de comunicação.

Art. 2.º O advogado, em manifestações através de qualquer meio de comunicação social sobre matéria de natureza jurídica, deverá evitar promoção pessoal e debates de caráter sensacionalista.

(*) V. arts. 28 a 34 do Código de Ética e Disciplina.

Art. 3.º É vedado ao advogado:
I – fomentar ou autorizar notícias referentes a causas judiciais ou outras questões profissionais sob seu patrocínio;
II – responder, com habitualidade, a consulta sobre matéria jurídica, nos meios de comunicação social, com intuito de promover-se profissionalmente;
III – expender comentários, nos meios de comunicação, sobre causas ou questões sob patrocínio de outro colega, que caracterizem prestígio para si ou desprestígio para aquele;
IV – divulgar o exercício da advocacia em conjunto com outra atividade;
V – utilizar figuras, desenhos ou expressões que possam confundir o público;
VI – oferecer serviços mediante intermediários, volantes, cartazes de rua ou de qualquer outra forma abusiva, que impliquem captação de clientela;
VII – utilizar meios promocionais típicos de atividade mercantil;
VIII – divulgar preços ou formas de pagamento ou oferecer descontos ou consultas gratuitas.

Art. 4.º A violação de norma deste Provimento é considerada transgressão de preceito do Código de Ética Profissional, constituindo infração disciplinar, na forma do disposto no art. 103 da Lei n.º 4.215/63.

Art. 5.º Aplicam-se as normas deste Provimento às sociedades de advogados, no que couber.

Art. 6.º Este provimento entra em vigor na data de sua publicação, revogadas as disposições em contrário.

Brasília-DF, 14 de dezembro de 1992.

Marcello Lavenère Machado, Presidente
Ápio Cláudio de Lima Antunes, Elide Rigon,
Luís Carlos Borba, Raimundo Rosal Filho,
Paulo Luiz Neto Lôbo, Relatores.

Provimento N.º 94/2000

Dispõe sobre a publicidade, a propaganda e a informação da advocacia.

O CONSELHO FEDERAL DA ORDEM DOS ADVOGADOS DO BRASIL, no uso das atribuições que lhe são conferidas pelo art. 54, V, da Lei n.º 8.906, de 4 de julho de 1994, considerando as normas sobre publicidade, propaganda e informação da advocacia, esparsas no Código de Ética e Disciplina, no Provimento n.º 75, de 1992, em resoluções e em acentos dos Tribunais de Ética e Disciplina dos diversos Conselhos Seccionais; considerando a necessidade de ordená-las de forma sistemática e de especificar adequadamente sua compreensão; considerando, finalmente, a decisão tomada no processo 4.585/2000 COP,

RESOLVE:

Art. 1.º É permitida a publicidade informativa do advogado e da sociedade de advogados, contanto que se limite a levar ao conhecimento do público em geral, ou da clientela, em particular, dados objetivos e verdadeiros a respeito dos serviços de advocacia que se propõe a prestar, observadas as normas do Código de Ética e Disciplina e as deste Provimento.

Art. 2.º Entende-se por publicidade informativa:

a) a identificação pessoal e curricular do advogado ou da sociedade de advogados;
b) o número da inscrição do advogado ou do registro da sociedade;
c) o endereço do escritório principal e das filiais, telefones, fax e endereços eletrônicos;
d) as áreas ou matérias jurídicas de exercício preferencial;
e) o diploma de bacharel em direito, títulos acadêmicos e qualificações profissionais obtidos em estabelecimentos reconhecidos, relativos à profissão de advogado (art. 29, §§ 1º e 2º, do Código de Ética e Disciplina);
f) a indicação das associações culturais e científicas de que faça parte o advogado ou a sociedade de advogados;

g) os nomes dos advogados integrados ao escritório;
h) o horário de atendimento ao público;
i) os idiomas falados ou escritos.

Art. 3.º São meios lícitos de publicidade da advocacia:

a) a utilização de cartões de visita e de apresentação do escritório, contendo, exclusivamente, informações objetivas;
b) a placa identificativa do escritório, afixada no local onde se encontra instalado;
c) o anúncio do escritório em listas de telefone e análogas;
d) a comunicação de mudança de endereço e de alteração de outros dados de identificação do escritório nos diversos meios de comunicação escrita, assim como por meio de mala-direta aos colegas e aos clientes cadastrados;
e) a menção da condição de advogado e, se for o caso, do ramo de atuação, em anuários profissionais, nacionais ou estrangeiros;
f) a divulgação das informações objetivas, relativas ao advogado ou à sociedade de advogados, com modicidade, nos meios de comunicação escrita e eletrônica.

§1.º A publicidade deve ser realizada com discrição e moderação, observado o disposto nos arts. 28, 30 e 31 do Código de Ética e Disciplina.
§2.º As malas-diretas e os cartões de apresentação só podem ser fornecidos a colegas, clientes ou a pessoas que os solicitem ou os autorizem previamente.
§3.º Os anúncios de publicidade de serviços de advocacia devem sempre indicar o nome do advogado ou da sociedade de advogados com o respectivo número de inscrição ou de registro; devem, também, ser redigidos em português ou, se em outro idioma, fazer-se acompanhar da respectiva tradução.

Art. 4.º Não são permitidos ao advogado em qualquer publicidade relativa à advocacia:

a) menção a clientes ou a assuntos profissionais e a demandas sob seu patrocínio;
b) referência, direta ou indireta, a qualquer cargo, função pública ou

relação de emprego e patrocínio que tenha exercido;
c) emprego de orações ou expressões persuasivas, de auto-engrandecimento ou de comparação;
d) divulgação de valores dos serviços, sua gratuidade ou forma de pagamento;
e) oferta de serviços em relação a casos concretos e qualquer convocação para postulação de interesses nas vias judiciais ou administrativas;
f) veiculação do exercício da advocacia em conjunto com outra atividade;
g) informações sobre as dimensões, qualidades ou estrutura do escritório;
h) informações errôneas ou enganosas;
i) promessa de resultados ou indução do resultado com dispensa de pagamento de honorários;
j) menção a título acadêmico não reconhecido;
k) emprego de fotografias e ilustrações, marcas ou símbolos incompatíveis com a sobriedade da advocacia;
l) utilização de meios promocionais típicos de atividade mercantil.

Art. 5.º São admitidos como veículos de informação publicitária da advocacia:

a) Internet, fax, correio eletrônico e outros meios de comunicação semelhantes;
b) revistas, folhetos, jornais, boletins e qualquer outro tipo de imprensa escrita;
c) placa de identificação do escritório;
d) papéis de petições, de recados e de cartas, envelopes e pastas.

Parágrafo único. As páginas mantidas nos meios eletrônicos de comunicação podem fornecer informações a respeito de eventos, de conferências e outras de conteúdo jurídico, úteis à orientação geral, contanto que estas últimas não envolvam casos concretos nem mencionem clientes.

Art. 6.º Não são admitidos como veículos de publicidade da advocacia:
a) rádio e televisão;
b) painéis de propaganda, anúncios luminosos e quaisquer outros meios de publicidade em vias públicas;

c) cartas circulares e panfletos distribuídos ao público;
d) oferta de serviços mediante intermediários.

Art. 7.º A participação do advogado em programas de rádio, de televisão e de qualquer outro meio de comunicação, inclusive eletrônica, deve limitar-se a entrevistas ou a exposições sobre assuntos jurídicos de interesse geral, visando a objetivos exclusivamente ilustrativos, educacionais e instrutivos para esclarecimento dos destinatários.

Art. 8.º Em suas manifestações públicas, estranhas ao exercício da advocacia, entrevistas ou exposições, deve o advogado abster-se de:

a) analisar casos concretos, salvo quando argüido sobre questões em que esteja envolvido como advogado constituído, como assessor jurídico ou parecerista, cumprindo-lhe, nesta hipótese, evitar observações que possam implicar a quebra ou violação do sigilo profissional;
b) responder, com habitualidade, a consultas sobre matéria jurídica por qualquer meio de comunicação, inclusive naqueles disponibilizados por serviços telefônicos ou de informática;
c) debater causa sob seu patrocínio ou sob patrocínio de outro advogado;
d) comportar-se de modo a realizar promoção pessoal;
e) insinuar-se para reportagens e declarações públicas;
f) abordar tema de modo a comprometer a dignidade da profissão e da instituição que o congrega.

Art. 9.º Ficam revogados o Provimento n.º 75, de 14 de dezembro de 1992, e as demais disposições em contrário.

Art. 10. Este Provimento entra em vigor na data de sua publicação.

Sala das Sessões, 5 de setembro de 2000.

Reginaldo Oscar de Castro, Presidente
Alfredo de Assis Gonçalves Neto, Conselheiro Relator (PR)

*Publicado no **Diário de Justiça da União**, de 12 de setembro de 2000, p. 374, Seção 1 – Eletrônico.

3. Ao trabalho!

Está tudo certo: você já acabou seu estágio, terminou a Faculdade, curtiu as festas ao máximo, entendeu que sua profissão como advogado é um negócio. Agora, é hora de ir ao trabalho, começar com o pé direito. Ser um bom advogado vai exigir de você disciplina, estudo, organização e uma dose de indignação. Sempre observei que os grandes advogados atuam dentro do sistema (ou seja, respeitando a ética e as regras processuais), sem, contudo, perder aquela indignação que nos faz agir com empenho no que fazemos. É claro que devemos ser frios e não nos envolvermos emocionalmente nas causas em que atuamos; mas não devemos ser indiferentes a elas. Então, vamos lá.

Com o pé direito

Como já dissemos, um advogado deve ter inteligência laboral. O que significa isso? Seria a inteligência emocional voltada especificamente para o convívio no trabalho, seja entre advogados e clientes, seja somente entre seus colegas advogados. Nada pior do que alguém negativo ou desagregador num ambiente de trabalho. Este logo é descoberto e terá pouca chance de sobreviver; por isso, trabalhe para que as pessoas se sintam bem a seu lado. Estar cercado de outros advogados, todos os dias, o dia inteiro, indefinidamente, demanda de nós o aprendizado da arte de bem conviver, ser solidário e cuidadoso. Afinal, não queremos somente bens materiais dessa vida. O sucesso que devemos buscar não será somente medido pelos bens que conseguimos, mas principalmente, e sobretudo, pelos amigos que fazemos, pela marca positiva que deixamos nos outros que cruzam nosso caminho. Portanto, cultivar bons relacionamentos com colegas de escritório é o primeiro passo para conseguirmos os bons fluidos para trabalharmos em paz e harmonia. Logo, para começar com o pé direito, conheça seus futuros colegas de trabalho antes mesmo de iniciar seu labor no escritório. Por que não almoçar juntos? Demonstre sua empolgação em fazer parte daquele grupo; dessa forma, você enviará a mensagem de que está feliz em trabalhar naquela firma.

Você pode também, antes mesmo de começar a trabalhar, ir até os tribunais assistir a seus futuros colegas em ação. Você certamente ganhará pontos demonstrando seu entusiasmo em observar como eles agem numa audiência.

Sua reputação na Faculdade conta

Outro ponto delicado diz respeito a sua reputação na Faculdade. Em nosso país, podemos começar a cursar Direito com 17 anos (como foi o meu caso). E sabemos que, embora a idade não queira dizer nada (já vi estudantes de 50 anos dando mais trabalho do que os de 17), muitos alunos são imaturos. Como professor, posso observar as mudanças que ocorrem no decorrer do curso. No início, o aluno não tem a mínima noção de que aquilo será a sua profissão; age como se estivesse assistindo a uma aula de ciências da 8.ª série; recusa-se a fazer os mais simples trabalhos. No meio do curso, esse mesmo aluno relapso vai descobrindo que o mercado é cruel, que há muitos advogados, que até mesmo aqueles que foram brilhantes alunos não conseguem uma boa colocação. Quando esse aluno finalmente cria a consciência de suas responsabilidades, sua imaturidade inicial já construiu uma má reputação. Há também o caso-limite do aluno que jamais cria tal consciência; para tal aluno, só resta largar o Direito e buscar um outro curso que lhe satisfaça.

Posso afirmar, sem qualquer dúvida, que realmente importa o que pensam de você na Faculdade. Por quê? Simplesmente porque seus colegas de estudo serão seus colegas de profissão. Aquilo que sabem de você no ambiente acadêmico ecoa fora de seus muros; e isso funciona para o bem ou para o mal. Se um aluno tem boa reputação, certamente será bem considerado para uma posição profissional; por outro lado, se sua reputação é ruim, ainda que tenha boas notas, poderá se ver preterido na luta por uma contratação. Conclusão: mantenha a linha durante a Faculdade.

Informe-se sobre como será a forma de pagamento

Entenda bem como será seu pagamento: isso evita problemas no futuro. Muitos advogados começam a trabalhar sem entender bem qual é o sistema de pagamento da firma, o que pode gerar muita confusão, e casos não faltam. Portanto, tire suas dúvidas, não tenha medo de perguntar.

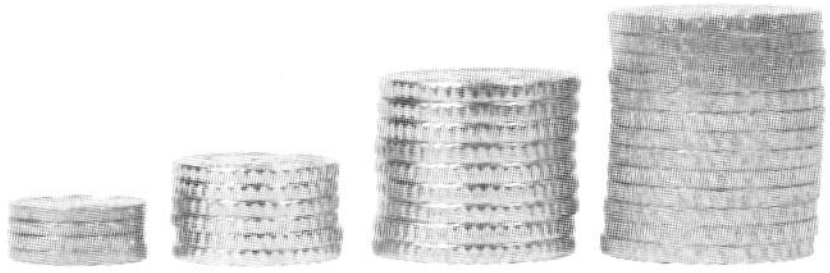

Não se atrase e transpareça confiança

No primeiro dia, chegue cedo, para não haver erros. Leve seus documentos e identificação. Não se esqueça do nosso famoso ditado: "A primeira impressão é a que fica".

Seja pontual, ainda que goste de noitadas. Não vá pegar uma fama de Sr.(a) Atrasadinho(a).

Quanto às vestimentas, não inove. Vista-se com segurança e observe nos primeiros dias qual o código de vestimenta do escritório. Você não vai ter a mesma liberdade que outras áreas (se tiver algum amigo que trabalhe em *marketing*, você sabe do que estou falando), mas sempre há uma margem de manobra. Por isso, observe os outros e siga a linha, especialmente nos dias casuais.

Fique confiante. Num grande escritório, você receberá uma carga enorme de novas informações; será apresentado a pessoas, será introduzido em novas tecnologias, aprenderá muito e isso tudo pode deixar qualquer um confuso e perdido. Em escritórios médios, o mesmo ocorre, mas em menor escala. E, nos pequenos escritório, não haverá muitas pessoas para conhecer, mas certamente as novidades existirão. Em qualquer caso, lembre-se de parecer animado e confiante. Todo começo pressupõe excesso de informação. Não se desespere: em um mês, tudo (ou quase tudo) estará sob controle.

Se não guardar o nome de todos a quem foi apresentado, não há problema: pergunte ao colega mais próximo. Preste atenção em tudo aquilo que está sendo ensinado. Mesmo quando as explicações forem cansativas e monótonas, mantenha o foco: você não deve parecer um preguiçoso...

Às vezes, nem tudo sai como esperado

É verdade e todos sabemos disso. É muito comum jovens advogados criarem imensas expectativas sobre seu início de carreira em determinado escritório, mas, quando estão lá, sentem que nem tudo está sendo como esperado. Jovens que se iniciam em grandes firmas sofrem esse problema de expectativa, já que conseguiram entrar no escritório dos sonhos depois de acirrada disputa, ansiosos por atender clientes de destaque, conhecer pessoas fascinantes... E, nem sempre, isso ocorre. No entanto, não se desespere: se seu início num escritório está sendo um anticlímax, espere, pois há grandes chances de que as coisas melhorem. Observe aqueles que estão lá há mais tempo e veja se esses primeiros meses são apenas um ritual de passagem para algo melhor.

As amizades

Quando começamos a freqüentar um novo ambiente, seja escola, Faculdade ou trabalho, onde não conhecemos ninguém, temos a tendência de nos sentirmos fragilizados e carentes, e nos apegaremos à primeira pessoa que nos ensinar onde fica o bebedouro. Escritórios, contudo, são um terreno perigoso em tal aspecto. Como dissemos na regra n.º 17 para os estagiários, há muita fofoca e brigas políticas no escritório. Não que isso vá impedir você de fazer amizade com quem quer que seja. A grande diferença aqui é a seguinte: em uma semana, você não é capaz de ter um julgamento sobre quem é quem. Por isso, não se "entregue" para a primeira pessoa que tentar fazer amizade. Aguarde um pouco, afinal essa pessoa pode ser o chato do escritório.

Cuidado com as opiniões

Evite opiniões sobre assuntos polêmicos, fofocas, situações envolvendo o escritório, até saber com quem você pode falar. Evite "queimar seu filme", como se diz na gíria.

Happy hour

Nas primeiras saídas para tomar cerveja com os novos colegas de escritório, beba pouco e escute muito. Seus colegas podem "encher a cara" e acabar soltando informações sobre o escritório, que lhe serão úteis. Como afirma o ditado: "*in vino veritas*". Por mais à vontade que esteja se sentindo, não passe do ponto, pois você pode acabar falando demais ou acabar se mostrando como alguém descontrolado. Todo cuidado é pouco.

Um lazer comum

Encontre um *hobby* comum entre os advogados da sua firma. Há muitos casos de advogados que praticam determinado esporte. Por exemplo, se você pratica tênis e há um grupo que joga regularmente, tome parte; se gosta de correr e há um grupo de corrida, junte-se a ele; se toca um instrumento e está faltando um baterista naquela banda do escritório, ofereça seu talento (uma banda formada só por advogados de São Paulo realmente existe – eu até fui convidado para tocar guitarra nela).

Manter uma atividade prazerosa com os membros do escritório é bom em todos os sentidos. E ajudará a criar boas amizades.

Memorize estes dois verbos: observar e escutar

Para aprender a cultura de um ambiente de trabalho, nada mais importante do que observar e escutar. Descubra quem é quem. Veja como os advogados associados mais antigos tratam os sócios. Observe qual o sócio com quem gostaria de trabalhar. E escute até mesmo as fofocas do escritório, respeitando algumas regras, para não se queimar.

A regra n.º 1 é a seguinte: não seja você o fofoqueiro, mas mantenha boas relações com alguém que tenha as fofocas em dia. Dessa forma, você poderá até saber o que os outros pensam de você. Mas lembre-se: seja moderado. Você não quer pegar uma má fama de que fica fofocando pelos cantos. E cuidado com a fonte da fofoca, pois a notícia pode estar viciada.

A regra n.º 2 é importante: não passe para a frente fofocas maliciosas, pois isso pode acabar se voltando contra você. Esta regra tem o outro lado da moeda: coisas positivas sobre alguém ou algum projeto podem ser passadas adiante.

Regra n.º 3: nem sempre o que é passado como algo certo é verdade. Às vezes, aquele sócio que tem uma fama de insuportável, cujas histórias são famosas no escritório, pode gostar de você e ajudá-lo em sua carreira. Tal tipo de situação é bem comum na vida real; já ouvi casos não só em escritórios de advocacia, como também em empresas e outros ambientes de trabalho. Em todos eles, aquela pessoa com uma reputação de "intragável" acaba se tornando uma aliada, jogando por terra toda a má reputação que é transmitida pela fofoca.

Regra n.º 4: mantenha um controle sobre aquilo que é dito sobre você. Num convívio constante, pessoas acabam por criar certa percepção umas das outras. Tanto quanto você tem uma opinião formada sobre as pessoas com quem trabalha, elas também possuem uma sobre você. E é muito importante que essa imagem vendida por você seja boa; do contrário, haverá muita fofoca negativa sobre você e isso pode custar bons projetos e até, dependendo da fofoca, seu emprego.

Organize-se

Faça da organização um ponto forte. Não siga o exemplo de sócios desorganizados; muitos deles se vêem em situações difíceis com inacreditável freqüência, utilizando a fraca defesa "minha desorganização é organizada" ou "eu entendo a minha desorganização". Vários casos são conhecidos em que determinado documento simplesmente sumiu (ou terá sido engolido pela mesa-buraco-negro do advogado?). Por isso, só existem vantagens em ser organizado, a começar pelo tempo que você ganhará. Os cinco minutos dedicados a organizar aqueles arquivos podem economizar horas e mais horas de infindáveis buscas e estresse.

Jogando em equipe

"Nenhum ser humano é uma ilha", já dizia o poeta inglês. Na advocacia, é sempre bom lembrar dessa frase. Colegas advogados, secretárias, paralegais, clientes, todos contribuirão para seu sucesso, caso você saiba jogar em equipe. A palavra-chave é partilhar; não se isole nos projetos, não pense que dessa forma todos os elogios serão seus. O outro lado da moeda pode ser cruel: trabalhar em isolamento pode lhe acarretar um ônus terrível, em caso de fracasso. Logo, ter a noção de que seus sucessos serão construídos em equipe é importante. E como jogar em equipe?

Em primeiro lugar, você deve riscar tudo aquilo que é prepotente e arrogante em sua personalidade. Estrelismo não será tolerado numa equipe. Vale lembrar os ensinamentos de Pinheiro Neto, fundador do maior escritório de advocacia do País e da América Latina: "É muito melhor, para o Escritório, ter gente de primeira qualidade, todos convencidos de que o trabalho é de equipe, uns ajudando os outros para obter excelência no que fazem. Num trabalho de equipe, prima-donas, heróis ou estrelas não têm lugar. Juntos, valemos muito. Sozinhos, nada!" Portanto, não negue atividades por considerá-las abaixo do seu potencial: tire cópias de documentos, se for necessário; passe fax, se for essa sua tarefa; se estiver só, atenda ao telefone. Negar tais atividades pode ser ruim para sua imagem dentro do escritório. E, quando você perceber, não estará sendo chamado para participar daquele projeto que tanto sonhou.

Aceite os trabalhos que lhe são passados. Pode ser atualizar aquele gigantesco relatório de buscas e apreensões para o Banco X, pois não se deve recusar uma tarefa simplesmente porque é maçante e monótona. Receba de bom grado e, caso realmente não seja possível cumpri-la, seja honesto, mas não recuse de pronto, para não transparecer falta de empenho no trabalho em equipe.

Se tiver que ajudar outros advogados em determinadas situações, ajude. Você só tem a ganhar pontos com isso, o que certamente será lembrado quando você for avaliado. Aqui, vale o mesmo conselho do parágrafo anterior: se não for possível, seja honesto. Mas não recuse só porque é fim de semana e você tem que assistir àquele show na TV: isso não seria trabalhar em equipe.

Cuidado com seu senso de humor

Adoro pessoas com senso de humor aguçado. Elas são interessantes e boas de conversa. Contudo, num ambiente de trabalho, devemos ter cuidado com nosso senso de humor. Não se torne um inconveniente, com excesso de piadas, em primeiro lugar. Além disso, cuidado com o tipo de piadas e gracinhas que faz. Você pode ofender as pessoas com seu senso de humor. Portanto, é bom lembrar: seja politicamente correto. E isso vale não só para o quesito humor, mas também para as frases que fala. Seja alguém interessante para conversar e tome cuidado com a língua.

Cuidados especiais para não se tornar um arrogante

O arrogante nunca se acha arrogante. Então, em vez de pular este item como algo que não lhe sirva, leia-o com atenção.

De início, é válido ressaltar que a figura do advogado requer cuidados, a fim de transmitir a confiança necessária àqueles que nos procuram para resolver seus problemas. Devemos manter uma postura digna de nossa profissão e isso não exclui uma boa dose de simplicidade. As grandes figuras da humanidade souberam ser simples: Sócrates ("só sei que nada sei"), Ghandi, Jesus Cristo e tantos outros nos servem de exemplo. Por que então, quando vestem terno, tantos advogados se acham deuses na Terra? Ainda que tenha sido aluno brilhante na Faculdade, sempre haverá coisas novas para aprender. Isso parece tão óbvio, mas tantos advogados em início de carreira se esquecem desse simples ensinamento. Também evite só conversar com pessoas hierarquicamente superiores a você, como se seus pares não merecessem seu convívio. Seja acessível e educado com todos e seu caminho para o sucesso estará mais bem pavimentado.

Outro defeito que muitos advogados não enxergam em si mesmos é a mania de criticar clientes, como se não fossem eles que pagassem suas contas. Só existimos porque existem pessoas que procuram nosso serviço. A carga negativa de críticas constantes a clientes pode ser prejudicial a seu rendimento no trabalho. E criticar clientes pode acabar gerando um descontentamento com a advocacia propriamente dita. E, então, seu prazer nessa profissão pode estar por um fio. Cuidado.

Secretária? Eu tenho uma?

É isso mesmo. Agora você terá uma secretária trabalhando para você. E você quer manter um bom relacionamento com ela. Tudo o que foi dito sobre tratamento e educação até agora serve para elas também (ou eles, no caso de uma equipe também masculina). Simplesmente porque sua vida dependerá, em grande parte, dos pequenos (ou grandes) detalhes burocráticos e técnicos que eles tão bem dominam. Secretárias ajudam a entender a política do escritório, lembrar prazos, saber as novidades, além de terem um poder que às vezes desconhecemos. A função do grupo de apoio varia de acordo com o escritório, por isso você deve descobrir o que eles fazem, o que pode lhes ser delegado e o que não pode, para evitar atritos desnecessários.

Namoro no escritório

Aqui temos uma situação mais comum do que parece e que merece análise. O convívio prolongado dentro de escritórios pode fazer surgir uma certa tensão sexual, que acaba por gerar romances dentro da firma. Muitos cuidados devem ser tomados, antes, durante e depois de um namoro no escritório. Vejamos.

Em primeiro lugar, você deve descobrir qual é a regra do seu escritório em relação a isso. Se nada impede um romance, tudo bem; se há uma política contrária, o sinal vermelho deve ser acionado, para que o seu emprego seja preservado. Uma pergunta que sempre deve ser feita é a seguinte: e se der errado? Como será depois? Muitas pessoas não se importam em ver um "ex" todos os dias, talvez para o resto da vida, outras se sentiriam incomodadas com a situação. Por isso, reflita antes de tomar o próximo passo.

Se a firma aceita relações, isso não quer dizer que você poderá viver agarrado a seu par. Discrição é a palavra-chave aqui. Nada de beijos, abraços, apelidos íntimos ou brigas por lá; além de inconveniente, é contraproducente. Cuidado com os terceiros confidentes: eles podem não ser tão confidentes assim.

E, caso haja término da relação, tente não trazer suas mágoas para o escritório. Da mesma forma que carinhos podem ser inconvenientes, hostilizar o ex-parceiro pode também o ser.

Obs.: Por fim, mais um recado: cuidado com o uso do telefone e dos *e-mails* (não só em relação ao parceiro). Nunca pense que estará seguro. Não os use para fins pessoais, fofocas sobre colegas, nem avance para conteúdos impróprios (nem visite *sites* "mais quentes", por assim dizer, quando estiver navegando pela *web*). Esse é o tipo de coisa que pode significar o fim de uma reputação decente e ilibada.

Amigos, amigos; negócios...

O velho ensinamento ainda tem validade. Se trabalha com um grande amigo, saiba que naquelas horas dentro do escritório vocês são colegas de profissão. Claro que ninguém quer que amigos se tornem inimigos durante o trabalho; o tratamento amigável deve existir, mas sua preocupação principal é render, ser produtivo. E amigos que se procuram o tempo inteiro dentro do escritório podem significar justamente o contrário: pouco rendimento e muita conversa.

Se quiser sobressair, vá além

Quando uma tarefa vai parar em suas mãos, você pode fazer exatamente aquilo que lhe pediram e será considerado um bom advogado. No entanto, se você fizer algo além daquilo que lhe foi pedido, você será um ótimo advogado. Não se contente com o bom; busque o ótimo, o excelente. Seja criativo. Se foi pedido a você para procurar jurisprudência naquela pilha de revistas antigas, procure nelas e também naquele CD-ROM que você tem em casa. O que acrescenta em qualidade sempre será visto com bons olhos, mas tome cuidados com exageros. Fazer disso uma maneira de colocar os colegas em má situação nada somará para você. E não tente fazer disso um "puxa-saquismo" vazio. Seu trabalho deve ser levado a sério.

Quando a tarefa envolver redação, leia e releia seu texto. Todos nós conhecemos casos em que na palavra "pedido" veio faltando um "d" (e não foi o segundo!); ou o paradigma da ação trabalhista se tornou um "paradigno". Tenha capricho nos textos e seja sintético.

Se cometer um erro, diga a alguém imediatamente

Poucos são os erros que não podem ser consertados (exceto algum prazo fatal, como ocorre na prescrição). Advogados no início de carreira geralmente não têm a capacidade de avaliar totalmente a amplitude de seus erros e o que é necessário para desfazê-los. Portanto, quando você (ou alguém ligado a você, como o seu estagiário) descobrir um problema em potencial, você deve dizer sobre a existência dele a alguém. Vá ao seu supervisor ou sócio com quem trabalha e diga a ele todos os procedimentos envolvendo o fato em questão; tome todas as medidas para sanar o problema e aprenda com a falha. Todos os advogados cometem erros, mas os bons não os repetem. E somente comunique ao cliente após falar com seu superior, afinal é ele o seu responsável em última instância.

Não presuma que alguém irá conferir seu trabalho para você

Jovens advogados sempre ficam envaidecidos e surpresos quando profissionais experientes utilizam seu trabalho para fundamentar-lhes as peças e documentos sem um retoque ou reparo sequer. Por isso, muito cuidado com o que escreve: releia e confira muitas vezes seu trabalho antes de passá-lo adiante.

"Chefes problematicos"

Ter um chefe problemático é terrível. Nessa ampla categoria, encontraremos os chefes tiranos, mal-educados, perseguidores, insensíveis, etc. No mundo, é comum nos depararmos com tais tipos e isso é causa de desistência de muitos advogados que repensam sua escolha por causa de chefes ruins. Trabalhando com o pior cenário, ou seja, o de que você não vai conseguir se livrar dele, pelo menos a curto prazo, há algumas coisas que podem ser feitas para minimizar os danos de um chefe-problema.

A primeira análise que deve ser feita é simples: observe se seu chefe age da mesma forma (rude, perseguidora, mal-educada) com os demais colegas de escritório. Se ele é realmente um tirano, essa será a *vox populi* do escritório (ainda assim, veja se compreende o porquê desses defeitos de personalidade). No entanto, se o tratamento é dispensado somente a você, algo está errado. Pode haver realmente alguma coisa acontecendo: ou somente você está enxergando o chefe de um modo negativo ou ele tem algo contra você. Se for o primeiro caso, tente analisar-se para achar as respostas. (Lembre-se do que dizia o grande filósofo de Königsberg, Immanuel Kant: "É preciso considerar sempre cada homem como um fim em si mesmo, nunca o utilizando apenas como um meio para os nossos fins".) Você pode ter uma visão negativa do seu chefe por alguma razão que somente a auto-análise poderá fazer surgir; por isso, busque as respostas em você mesmo. Em se tratando da segunda hipótese, olhe para trás e reveja como foi sua relação com essa pessoa; às vezes, alguma atitude dúbia pode ter gerado o mal-entendido. Se nada descobrir, o diálogo é a saída, uma conversa aberta, sem ofensas, numa tentativa de construir as bases para uma relação sadia. Se nada funcionar, sua saída é... sair.

E, nos momentos de fúria, o que fazer? Quando somos xingados ou humilhados, como proceder? Nada como a velha sabedoria do "contar até dez" para se sair bem de uma situação dessas. Há muitos casos em que o tirano "cai em si" e vê a arbitrariedade dos seus atos. Xingar de volta só trará mais ódio para a relação. Seja respeitoso, demonstre seu ponto de vista, mas, no calor de uma áspera discussão, fale o menos possível; silenciar vai trazer mais pontos do que você imagina, pois, caso você baixe o nível numa discussão, suas chances na firma podem acabar. Ninguém sabe o dia de amanhã e você não quer fechar portas para o futuro. Se algum dia o chefe-problema sair do escritório, você poderá retornar. Ter uma fama de brigão ou mal-educado pode "queimar" suas oportunidades futuras. Seja esperto.

Começando seu próprio escritório

Se quiser iniciar sua prática, abrindo o próprio escritório, a primeira indagação deve ser: devo ter um sócio ou não?

Se não quiser alguém para sociedade, você deverá ter em mente os gastos que certamente serão grandes e exclusivamente seus: aluguel (ou aquisição) de uma sala e a manutenção dela; mesa, cadeiras e telefone; material de escritório; computador e *softwares*; livros; acesso à Internet; além de outros, tais como secretária, assinatura de jornais oficiais ou contratação de empresa de triagem de publicações/intimações em seu nome. O grande segredo para a prática solo é: tenha um controle rígido sobre seu orçamento. Os gastos são grandes, em especial no início – e o retorno demorado. Por isso, muitos desanimam e partem para concursos ou tentam conseguir um colega para a sociedade.

Se quiser um sócio, cuidado na sua escolha. Em primeiro lugar, lembre-se: amigo de Faculdade não será necessariamente alguém ideal para compor uma sociedade com você, pois poderá perder um amigo ao confundir amizade com negócios. Eis aqui algumas dicas sobre o assunto:

- os sócios devem respeitar a competência profissional um do outro;
- devem combinar claramente os parâmetros da relação profissional;
- devem respeitar a personalidade do outro, embora não sejam totalmente compatíveis.

Para sua segurança, tente saber a reputação do futuro parceiro, perguntando a colegas ou juízes sobre sua habilidade e capacidade como advogado. Seja detalhista quando for redigir o contrato de sociedade, incluindo os seguintes tópicos: metas da empresa; grau de autonomia de cada um; regras de remuneração; métodos de governança e tomada de decisões; procedimento de dissolução; responsabilidades e métodos de administração. Com tudo isso no papel, melhores serão as chances para que a sociedade dê certo.

Geralmente esquecido é o lado administrativo do escritório. O advogado não foi treinado para administrar e de modo geral olha para tal atividade com desprezo, como algo de segunda linha. Mas isso é tão importante quanto saber Direito. Um excelente profissional que administre mal seu escritório corre risco o de acabar sem clientes; portanto, aprenda regras básicas de gerência e administração. Compre livros a respeito e dedique-se. Com certeza, seu estudo trará retornos para a prática advocatícia.

Por fim, o grande conselho para aqueles que abrem o próprio escritório é: tenha paciência e perseverança. Sem elas, é melhor desistir, pois clientes tendem a ser conservadores ao decidir a quem procurar. Novas faces podem gerar um receio inicial; com o tempo, tal sentimento desaparecerá e seu pequeno empreendimento crescerá. Haverá momentos de desânimo. Não desista, se essa é realmente sua vontade. Lembre-se do que diz aquele velho ditado norte-americano: *"no pain, no gain"* (sem dor, sem ganho).

4. Relacionamentos humanos fora do escritório de advocacia

Tudo o que vimos até agora dizia respeito a relações intra-escritório: como lidar com colegas, superiores, secretárias, namoradas... A partir daqui, trataremos de outro ponto importante na vida de um profissional do Direito: as relações externas, ou seja, fora do escritório. Veremos como um advogado deve lidar com colegas de outros escritórios, juízes, clientes, servidores dos tribunais, etc. Para começar, deve-se ter em mente o dever de urbanidade, previsto no nosso Código de Ética e Disciplina da OAB:

CAPÍTULO VI
DO DEVER DE URBANIDADE

Art. 44. Deve o advogado tratar o público, os colegas, as autoridades e os funcionários do Juízo com respeito, discrição e independência, exigindo igual tratamento e zelando pelas prerrogativas a que tem direito.

Art. 45. Impõe-se ao advogado lhaneza, emprego de linguagem escorreita e polida, esmero e disciplina na execução dos serviços.

Art. 46. O advogado, na condição de defensor nomeado, conveniado ou dativo, deve comportar-se com zelo, empenhando-se para que o cliente se sinta amparado e tenha a expectativa de regular desenvolvimento da demanda.

Juízes

Juízes são seres humanos. Isso é óbvio, você pensará; mas é muito interessante como os estudantes tendem a ver o Poder Judiciário como uma máquina, sendo os juízes suas principais peças, não indivíduos. Por isso, deve-se ter em mente que os juízes não são todos iguais, têm suas manias, seus caminhos para proceder em audiências, suas peculiaridades... Enfim, eles não são robôs programados de forma idêntica para julgar, e pronto. Então, o melhor que um advogado pode fazer antes de qualquer coisa é aprender como é aquele juiz com quem você terá que lidar. Converse com colegas mais antigos do escritório e eles saberão, com certeza, boas e úteis informações sobre os doutos julgadores; familiarize-se com seus estilos e tire vantagem disso, usando estratégias específicas para cada um.

No trato direto com o juiz, seja cauteloso, respeitoso e educado. Sempre. Não banque o arrogante nem tente parecer superior, mas não deixe de parecer confiante (ainda que não esteja). Parecer seguro e agir com prepotência são coisas completamente distintas. Fale no momento em que deve falar e cale-se quando for a hora para calar. Não esqueça que o juiz levará em consideração muitas coisas no momento de julgar. E a postura conta (e muito) para uma condução da audiência que não lhe seja desfavorável; muitos advogados antigos com quem conversei disseram-me a mesma coisa. Advogar é uma arte que requer muita perspicácia; e isso vale muito em audiências. Seja observador, não perca o foco por estar ansioso com o caso; olhe em sua volta, sinta o ambiente, escute o que está sendo dito.

Conta muito, ainda, para uma boa relação com o juiz (e para uma boa audiência) um bom conhecimento prévio sobre o assunto a ser tratado: não vá no escuro. Prepare-se. Repasse o caso. Releia os artigos do Código de Processo Civil. Ser surpreendido não é a melhor das sensações, não é verdade? Mas, ainda que isso ocorra, se deslizes forem cometidos, saiba levantar-se. A recuperação é importante. Mais ou menos como os pianistas: quando eles erram, jamais param a música no meio e pedem desculpa, ruborizados; eles simplesmente procuram minorar o erro e seguem em frente. E até os melhores erram, portanto não deixe sua auto-estima ir para o buraco por conta disso, até porque nem tudo está a nosso alcance. Esse é um bom momento para relembrarmos os direitos dos advogados, constantes do Estatuto da Advocacia e da OAB (Lei n.º 8.906/94):

CAPÍTULO II
DOS DIREITOS DO ADVOGADO

Art. 6.º Não há hierarquia nem subordinação entre advogados, magistrados e membros do Ministério Público, devendo todos tratar-se com consideração e respeito recíprocos.

Parágrafo único. As autoridades, os servidores públicos e os serventuários da justiça devem dispensar ao advogado, no exercício da profissão, tratamento compatível com a dignidade da advocacia e condições adequadas a seu desempenho.

Art. 7.º São direitos do advogado:

I – exercer, com liberdade, a profissão em todo o território nacional;
II – ter respeitada, em nome da liberdade de defesa e do sigilo profissional, a inviolabilidade de seu escritório ou local de trabalho, de seus arquivos e dados, de sua correspondência e de suas comunicações, inclusive telefônicas ou afins, salvo caso de busca ou apreensão determinada por magistrado **e acompanhada de representante da OAB**;[1]
III – comunicar-se com seus clientes, pessoal e reservadamente, mesmo sem procuração, quando estes se acharem presos, detidos ou recolhidos em estabelecimentos civis ou militares, ainda que considerados incomunicáveis;
IV – **ter a presença de representante da OAB, quando preso em flagrante, por motivo ligado ao exercício da advocacia, para lavratura do auto respectivo, sob pena de nulidade e, nos demais casos, a comunicação expressa à seccional da OAB**;[2]

[1]ADIn n.º 1.127-8. A eficácia da expressão destacada foi suspensa pelo STF, em medida liminar.
[2]ADIn n.º 1.127-8. A eficácia da expressão destacada foi suspensa pelo STF, em medida liminar.

V – não ser recolhido preso, antes de sentença transitada em julgado, senão em sala de Estado-Maior, com instalações e comodidades condignas, **assim reconhecidas pela OAB**, e, na sua falta, em prisão domiciliar;[3]
VI – ingressar livremente:

a) nas salas de sessões dos tribunais, mesmo além dos cancelos que separam a parte reservada aos magistrados;
b) nas salas e dependências de audiências, secretarias, cartórios, ofícios de justiça, serviços notariais e de registro, e, no caso de delegacias e prisões, mesmo fora da hora de expediente e independentemente da presença de seus titulares;
c) em qualquer edifício ou recinto em que funcione repartição judicial ou outro serviço público onde o advogado deva praticar ato ou colher prova ou informação útil ao exercício da atividade profissional, dentro do expediente ou fora dele, e ser atendido, desde que se ache presente qualquer servidor ou empregado;
d) em qualquer assembléia ou reunião de que participe ou possa participar o seu cliente, ou perante a qual este deve comparecer, desde que munido de poderes especiais;

VII – permanecer sentado ou em pé e retirar-se de quaisquer locais indicados no inciso anterior, independentemente de licença;
VIII – dirigir-se diretamente aos magistrados nas salas e gabinetes de trabalho, independentemente de horário previamente marcado ou outra condição, observando-se a ordem de chegada;
IX – **sustentar oralmente as razões de qualquer recurso ou processo, nas sessões de julgamento, após o voto do relator, em instância judicial ou administrativa, pelo prazo de quinze minutos, salvo se prazo maior for concedido**;[4]
X – usar da palavra, pela ordem, em qualquer juízo ou tribunal, mediante intervenção sumária, para esclarecer equívoco ou dúvida surgida em relação a fatos, documentos ou afirmações que influam no julgamento, bem como para replicar acusação ou censura que lhe forem feitas;

[3]ADIn n.º 1.127-8. A eficácia da expressão destacada foi suspensa pelo STF, em medida liminar.
[4]ADIn n.º 1.105-7. A eficácia de todo o dispositivo foi suspensa pelo STF, em medida liminar.

XI – reclamar, verbalmente ou por escrito, perante qualquer juízo, tribunal ou autoridade, contra a inobservância de preceito de lei, regulamento ou regimento;
XII – falar, sentado ou em pé, em juízo, tribunal ou órgão de deliberação coletiva da Administração Pública ou do Poder Legislativo;
XIII – examinar, em qualquer órgão dos Poderes Judiciário e Legislativo, ou da Administração Pública em geral, autos de processos findos ou em andamento, mesmo sem procuração, quando não estejam sujeitos a sigilo, assegurada a obtenção de cópias, podendo tomar apontamentos;
XIV – examinar em qualquer repartição policial, mesmo sem procuração, autos de flagrante e de inquérito, findos ou em andamento, ainda que conclusos à autoridade, podendo copiar peças e tomar apontamentos;
XV – ter vista dos processos judiciais ou administrativos de qualquer natureza, em cartório ou na repartição competente, ou retirá-los pelos prazos legais;
XVI – retirar autos de processos findos, mesmo sem procuração, pelo prazo de dez dias;
XVII – ser publicamente desagravado, quando ofendido no exercício da profissão ou em razão dela;
XVIII – usar os símbolos privativos da profissão de advogado;
XIX – recusar-se a depor como testemunha em processo no qual funcionou ou deva funcionar, ou sobre fato relacionado com pessoa de quem seja ou foi advogado, mesmo quando autorizado ou solicitado pelo constituinte, bem como sobre fato que constitua sigilo profissional;
XX – retirar-se do recinto onde se encontre aguardando pregão para ato judicial, após trinta minutos do horário designado e ao qual ainda não tenha comparecido a autoridade que deva presidir a ele, mediante comunicação protocolizada em juízo.

§1.º Não se aplica o disposto nos incisos XV e XVI:

1) aos processos sob regime de segredo de justiça;
2) quando existirem nos autos documentos originais de difícil restauração ou ocorrer circunstância relevante que justifique a permanência dos autos no cartório, secretaria ou repartição, reconhecida pela autoridade em despacho motivado, proferido de ofício, mediante representação ou a requerimento da parte interessada;

3) até o encerramento do processo, ao advogado que houver deixado de devolver os respectivos autos no prazo legal, e só o fizer depois de intimado.

§2.º O advogado tem imunidade profissional, não constituindo injúria, difamação ou **desacato**[5] puníveis qualquer manifestação de sua parte, no exercício de sua atividade, em juízo ou fora dele, sem prejuízo das sanções disciplinares perante a OAB, pelos excessos que cometer.
§3.º O advogado somente poderá ser preso em flagrante, por motivo de exercício da profissão, em caso de crime inafiançável, observado o disposto no inciso IV deste artigo[6].
§4.º O Poder Judiciário e o Poder Executivo devem instalar, em todos os juizados, fóruns, tribunais, delegacias de polícia e presídios, salas especiais permanentes para os advogados, com uso e **controle**[7] assegurados à OAB.
§5.º No caso de ofensa a inscrito na OAB, no exercício da profissão ou de cargo ou função de órgão da OAB, o conselho competente deve promover o desagravo público do ofendido, sem prejuízo da responsabilidade criminal em que incorrer o infrator.

[5] ADIn n.º 1.127-8. A eficácia da expressão destacada foi suspensa pelo STF, em medida liminar.
[6] ADIn n.º 1.127-8. O STF atribuiu a interpretação de que o dispositivo não abrange o crime de desacato à autoridade judicial.
[7] ADIn n.º 1.127-8. A eficácia da expressão foi suspensa pelo STF, em medida liminar.

Servidores da Justiça

Todos sabemos da importância dessas pessoas em nossas vidas. É muito comum ouvirmos de advogados mais experientes que "nós dependemos deles". Os servidores, sejam os atendentes de balcão, sejam os escreventes e chefes de secretaria, representam um papel importante na cena jurídica; fazem o processo caminhar, controlam seu andamento, prevêem os próximos passos e podem ajudá-lo com os próprios juízes. Por isso, seja simpático e amigável com eles. O poder deles não é aparente, mas existe. Ainda que você esteja diante do mais mal-educado funcionário que já viu, não seja também mal-educado. Você certamente não vai querer ficar malvisto pelos servidores.

Haja de acordo com as regras das secretarias/cartórios. Não discuta. Se está com dúvidas sobre como agir (especialmente se for sua primeira vez), não tenha medo de perguntar sobre o que fazer. Tendo construído uma boa relação, tome cuidado para não passar do ponto; já vi muitos advogados intrometidos, que eram extremamente criticados pelos servidores (do tipo que abriam a porta e se julgavam donos da secretaria/cartório). E tais críticas acabam se espalhando e chegando aos juízes, o que não é nada bom para sua carreira.

Advogados da parte contrária – ex adverso

Seu *ex adverso* não é seu inimigo. Tive um aluno da Faculdade que, no início da carreira como advogado, desenvolvia um ódio tremendo pelos adversários no processo. Chegava a ser engraçado o seu olhar de quem poderia chegar às vias de fato somente por aquela pessoa estar do outro lado. É uma premissa fundamental: somos todos colegas de profissão, por isso, temos o dever da cortesia e cordialidade. Ser rude com o outro advogado pode atrapalhar a vida do seu próprio cliente. Por isso, aqui vão algumas dicas:

1.ª: Não seja arrogante. Se você se formou na melhor Faculdade do país, fez mestrado, doutorado e está do lado da maior empresa do país, nada disso lhe dá o direito de tratar com desdém ou arrogância seus colegas. É um erro que pode lhe causar uma grande derrota, pois títulos e clientes não contam: o que vale é sua atuação naquele processo. Além disso, existem excelentes advogados que podem não ter um quinto da sua formação, mas que, mesmo assim, são hábeis como ninguém. Não se iluda: o jogo se ganha no gramado, não no papel (muitos podem não se lembrar da nossa Seleção de Futebol de 1982 e ela é um exemplo disso: era considerada a melhor, mas perdeu a Copa para o time da Itália).

2.ª: Trate bem seus colegas, afinal nós todos precisamos uns dos outros, um dia. Seja para adiar uma audiência, seja para facilitar um acordo, sua atitude com os adversários deverá ser cordial. Mesmo que você advogue num grande centro, não se esqueça dessa dica. Não tenha medo de fazer cortesias, porque você precisará delas com certeza;

não grite ou seja rude. Ser um colega a quem todos se referem como alguém educado é o que você tem que desejar.

3.ª: Respeite as teses contrárias, ainda que sejam disparatadas.

4.ª: Se ganhar o processo, jamais, nunca tripudie sobre o seu *ex adverso*. Quem ganha hoje pode perder amanhã.

Clientes

Existem vários pontos que devem ser lembrados no relacionamento com os clientes. Para começar, você não deve perder de vista que é ele quem paga suas contas. Esse ponto inicial não significa que você deva perder a liberdade de ação e poder de avaliação/julgamento da situação do seu constituinte. É um lembrete fundamental para que você não perca o foco de seu negócio.

Várias vezes presenciei colegas reclamando de clientes, fugindo de suas ligações, criando hostilidade com um dos pólos da relação que é justamente a razão de ser da prestação de serviços em qualquer área: o cliente. Por isso, não fuja dele: retorne suas ligações, prontamente, por mais que ele queira falar coisas desnecessárias ou você não tenha feito o que devia fazer.

A questão é a seguinte: ninguém quer que você se torne um escravo, mas criar pontos de atrito pode lhe custar muito, mais tarde. Se seu cliente possui problemas inacreditáveis, do tipo que você se pergunta como é que ele vive entrando em frias, não deixe que isso o faça esquecer que, se não existissem pessoas com problemas, nós, advogados, juízes e promotores, não existiríamos.

Lembre-se também da regra fundamental na relação com clientes: respeite o sigilo profissional. Nunca é demais repetir esse ensinamento básico de nossa profissão, que pode levar um advogado para o total fracasso.

Existe outro exercício que nós, seres humanos, fazemos naturalmente, mas que, com o tempo, acaba desaparecendo no ambiente de trabalho: colocar-se no lugar do outro. No caso, no lugar de seu cliente. Muitos advogados, quando estão envolvidos num processo como parte, sentem na pele o que falta a muitos advogados: a transparência. Por isso, mantenha seus clientes sempre informados sobre todo e qualquer andamento significativo do processo ou serviço. Ainda que nada mude, avise-o que nada mudou. Dessa forma, um advogado eleva qualitativamente sua relação, criando a confiança indispensável à relação com o cliente.

Vistas as regras preliminares, vamos a algumas regras fundamentais para que você se saia muito bem com seu cliente.

Regra 1: Prepare-se para as reuniões com o cliente.

Regra 2: Previna seu cliente para os custos do processo/serviço.

Regra 3: Mostre para o cliente que seu serviço não deve ser medido pelo preço, mas pelo valor.

Regra 4: "O bom médico trata a doença, mas o grande médico trata o paciente" (William Ostler). Para nós, seria assim: o bom advogado cuida do problema, mas o grande advogado cuida do cliente.

Regra 5: Não dê falsas impressões a seu cliente, do tipo "isso é facílimo" ou "se perdermos este processo, eu rasgo meu diploma". Seja realista e não um vendedor de ilusões apenas para conquistar o cliente. Por precaução, coloque no papel uma avaliação acurada e realista da situação. Dar uma falsa idéia pode conquistar o cliente num primeiro momento, mas, no longo prazo, será fatal, não permitindo surgir uma longa e duradoura relação.

Regra 6: Não responda, se não tem certeza. A legislação pode ter sido alterada; às vezes, aquela regra processual é diferente da regra geral. Não se sinta obrigado a responder tudo o que o cliente pergunta. Os danos podem ser irreversíveis e podem até gerar um processo contra você. Quando não souber, diga: "Vou procurar os posicionamentos mais recentes sobre este assunto" ou "há muita coisa envolvida – talvez seja melhor uma pesquisa profunda sobre isso". E retorne com a resposta o mais rápido que puder.

Regra 7: Não ultrapasse a linha da intimidade. Seja simpático, amigável e sociável. Contudo, não ache que uma intimidade forçada irá lhe garantir pontos. O problema é o seguinte: depois de um certo ponto, brigas e intrigas íntimas podem acontecer, destruindo a relação profissional. Não se deixe passar da linha, o que não significa que você deva ser um bicho-do-mato. Se surgir uma amizade, que seja espontânea; jamais force a barra. E, se surgir mesmo uma amizade, evite falar de negócios; isso pode fazer com que seja consultado fora do escritório, sem que seus parceiros (sócios e associados de sua firma) saibam o que você anda falando, que conselhos está dando. "Amigos, amigos; negócios, à parte." Conheço um caso interessante: o advogado associado Dr. X constrói uma bela amizade com o sócio de um dos melhores clientes do seu escritório, em razão de laços antigos de amizade entre seu pai e o tal cliente. Eles se encontram regularmente, jantam aos fins de semana, fazem churrascos, etc. O cliente, então, começa a fazer consultas exclusivamente ao amigo, que começa a servir como advogado para todo e qualquer problema, de qualquer área (inclusive sobre as quais nada sabe). Com o tempo, depois de alguns deslizes em determinados conselhos infelizes, ele se vê em situação ruim no escritório, em razão de suas consultas particulares, sem compartilhar com os outros advogados do seu escritório; então, o Dr. X acaba sendo afastado da maioria dos casos em que atuava. Por isso, muito cuidado!

Aqui segue o que diz o Código de Ética e Disciplina da OAB sobre a relação entre advogado e cliente:

CAPÍTULO II
DAS RELAÇÕES COM O CLIENTE

Art. 8.º O advogado deve informar o cliente, de forma clara e inequívoca, quanto a eventuais riscos da sua pretensão, e das conseqüências que poderão advir da demanda.

Art. 9.º A conclusão ou desistência da causa, com ou sem a extinção do mandato, obriga o advogado à devolução de bens, valores e documentos recebidos no exercício do mandato, e à pormenorizada prestação de contas, não excluindo outras prestações solicitadas, pelo cliente, a qualquer momento.

Art. 10. Concluída a causa ou arquivado o processo, presumem-se o cumprimento e a cessação do mandato.

Art. 11. O advogado não deve aceitar procuração de quem já tenha patrono constituído, sem prévio conhecimento deste, salvo por motivo justo ou para adoção de medidas judiciais urgentes e inadiáveis.

Art. 12. O advogado não deve deixar ao abandono ou ao desamparo os feitos, sem motivo justo e comprovada ciência do constituinte.

Art. 13. A renúncia ao patrocínio implica omissão do motivo e a continuidade da responsabilidade profissional do advogado ou escritório de advocacia, durante o prazo estabelecido em lei; não exclui, todavia, a responsabilidade pelos danos causados dolosa ou culposamente aos clientes ou a terceiros.

Art. 14. A revogação do mandato judicial por vontade do cliente não o desobriga do pagamento das verbas honorárias contratadas, bem como não retira o direito do advogado de receber o quanto lhe seja devido em eventual verba honorária de sucumbência, calculada proporcionalmente, em face do serviço efetivamente prestado.

Art. 15. O mandato judicial ou extrajudicial deve ser outorgado individualmente aos advogados que integrem sociedade de que façam parte, e será exercido no interesse do cliente, respeitada a liberdade de defesa.

Art. 16. O mandato judicial ou extrajudicial não se extingue pelo decurso de tempo, desde que permaneça a confiança recíproca entre o outorgante e o seu patrono no interesse da causa.

Art. 17. Os advogados integrantes da mesma sociedade profissional, ou reunidos em caráter permanente para cooperação recíproca, não podem representar em juízo clientes com interesses opostos.

Art. 18. Sobrevindo conflitos de interesse entre seus constituintes, e não estando acordes os interessados, com a devida prudência e discernimento, optará o advogado por um dos mandatos, renunciando aos demais, resguardado o sigilo profissional.

Art. 19. O advogado, ao postular em nome de terceiros, contra ex-cliente ou ex-empregador, judicial e extrajudicialmente, deve resguardar o segredo profissional e as informações reservadas ou privilegiadas que lhe tenham sido confiadas.

Art. 20. O advogado deve abster-se de patrocinar causa contrária à ética, à moral ou à validade de ato jurídico em que tenha colaborado, orientado ou conhecido em consulta; da mesma forma, deve declinar seu impedimento ético quando tenha sido convidado pela outra parte, se esta lhe houver revelado segredos ou obtido seu parecer.

Art. 21. É direito e dever do advogado assumir a defesa criminal, sem considerar sua própria opinião sobre a culpa do acusado.

Art. 22. O advogado não é obrigado a aceitar a imposição de seu cliente que pretenda ver com ele atuando outros advogados, nem aceitar a indicação de outro profissional para com ele trabalhar no processo.

Art. 23. É defeso ao advogado funcionar no mesmo processo, simultaneamente, como patrono e preposto do empregador ou cliente.

Art. 24. O substabelecimento do mandato, com reserva de poderes, é ato pessoal do advogado da causa.

§1.º O substabelecimento do mandato sem reservas de poderes exige o prévio e inequívoco conhecimento do cliente.
§2.º O substabelecido com reserva de poderes deve ajustar antecipadamente seus honorários com o substabelecente.

Como participar de reuniões com clientes

Muitos morrem de vergonha e tensão; outros ficam calados e sobre nada se manifestam; outros escondem a tensão com piadas. Como agir? Sendo um jovem, participar de reuniões diante de advogados mais experientes e clientes articulados pode ser fator de estresse. Aqui vão algumas considerações sobre o tema, para que você não se veja em situações embaraçosas.

De início, previamente, faça uma coleta completa sobre o conteúdo da reunião, com colegas, superiores, equipe de apoio, etc. Saiba o que querem de você, o que deve fazer; isso trará segurança. Durante a reunião, não conte piadas, por mais engraçado que você se considere; há pessoas que não riem jamais e você não quer parecer um bobo da corte numa situação dessas. Quando quiser falar, tenha noção do melhor momento (ou *timing*, em inglês). Jamais interrompa e espere que peçam sua opinião. Outro conselho antigo, tirado do grande livro de Dale Carneggie, **Como fazer amigos e influenciar pessoas** (indispensável a qualquer um) é o seguinte: não critique em público. E acrescentamos: ainda mais se for seu superior que falou algo que você julga incorreto. Espere para falar depois da reunião.

Mídia

Seja cauteloso na sua relação com a mídia.

Se há algo no caso que você não queira que se torne público, não seja ingênuo falando confidencialmente: simplesmente não fale.

Você também não vai querer dar a impressão de que está querendo aparecer, como se a publicidade do caso fosse seu *marketing* pessoal. As regras sobre publicidade do advogado são rigorosas e você deve respeitá-las. Comente o caso, e pronto.

Em entrevistas sobre temas novos, alterações legislativas, etc., prepare-se e só aceite o convite se souber sobre o que vai falar; aceitar por aceitar pode ser fatal.

Se estiver de cabeça quente saindo de uma audiência conturbada, pense duas vezes no que vai falar. Não responda coisas que não sabe, não faça acusações levianas nem assuma posições que podem lhe trazer complicações futuras; se não tiver nada para falar, saia em silêncio completo.

5. Dois tipos de advogado que você não quer ser

Advogado estressado

Muito comum nos dias de hoje, o advogado estressado não consegue se satisfazer na profissão: ele não sabe conviver com as cobranças dos clientes, com os prazos fatais, com as exigências da tecnologia ou com a relação entre colegas. Se qualquer desses motivos o tira do sério, deixa-o ansioso ou insone, está na hora de repensar sua vida profissional e lembrar que a profissão é meio de vida e não de morte. Você é um advogado dessa espécie se apresentar algum dos sintomas relacionados abaixo:

- adorava seu trabalho, mas agora ele o exaure física e emocionalmente;
- produz muito menos do que costumava;
- considera-se dedicado aos clientes, mas não reconhecido;
- tornou-se um cínico em relação a sua atividade profissional;
- acredita que somente você pode fazer seu trabalho e que os clientes e seus colegas seriam prejudicados caso saísse do escritório (dizendo frases do tipo "eu não posso tirar férias; os clientes iriam pensar o quê?" ou "eu sou o único que pode fazer este trabalho por aqui");
- sente-se cansado, desanimado, em relação ao trabalho;
- entra deprimido no escritório, já pensando na alegria que sente quando deixa aquele ambiente;
- cada telefonema é como uma bomba explodindo no escritório.

Se apresentar um ou mais dos sintomas acima, tome cuidado. Você pode ser (ou está se tornando) um advogado estressado.

Tornar a profissão agradável é um dever. O estressado jamais estará contente e realizado e, portanto, não será um bom advogado. Quando o profissional do Direito começa a se estressar, os motivos são geralmente os seguintes:

- a falta de tempo e o excesso (ou, para alguns, infelizmente, a falta) de trabalho;
- a pressão para atingir o sucesso;
- a necessidade constante de estímulo (ou aversão a momentos de calmaria);
- o desequilíbrio no trabalho (em relação a horários e hábitos);
- a falta de flexibilidade na relação com colegas e clientes.

Tudo isso pode acabar gerando sérias conseqüências para o escritório, pois muitos advogados transferem sua ansiedade e nervosismo para o cliente, que, no fim das contas, é seu negócio. Ou (o que pode ser também terrível) acabar por transferir seu estresse para a vida pessoal, desestabilizando a vida familiar. Portanto, para que o estressado saia desse círculo vicioso, ele deve se comprometer a criar uma melhor forma de gerenciar o tempo e o trabalho, para deixar de se sentir sempre sob pressão, correndo contra o tempo e com serviço que nunca acaba, deixando uma tarefa inacabada atrás de outra. Estudiosos aconselham uma boa agenda. Você dirá: "mas eu tenho uma!" Não é só isso o que basta: uma boa agenda significa um controle diário e efetivo dos seus afazeres e prazos, jamais deixando tarefas para a última hora. E o controle deve ser seu, não de sua secretária. Um bom conselho é o seguinte: todos os dias, antes de iniciar suas tarefas, dê uma boa analisada nos seus compromissos, não somente para o dia que se inicia, mas pelas próximas duas semanas. Não deixe nada surpreender você, pois a surpresa causa estresse. Mantenha ainda um bloco de notas, para as coisas que vêm a sua cabeça pelo dia (e, às vezes, noite) afora. Algo muito importante é você libertar sua mente de que há algo sempre a ser feito ou algo esquecido que você não consegue lembrar; liberte-se disso com um controle calmo e cuidadoso de seu tempo e tarefas. Distribua as atividades pelo grau de importância de cada uma, sem desprezar totalmente as pequenas coisas, que podem acabar por deixar sempre aquele estresse à espreita.

Não se perca em atividades por mais tempo do que elas merecem, como telefonemas inúteis: um telefonema que pode durar cinco minutos não deve se estender mais do que isso.

Sempre repasse as atividades do dia na sua agenda, não somente antes de começar o dia: isso é gerenciar seu dia, seu tempo e suas tarefas. Ao fim do período de trabalho, elimine as tarefas cumpridas, analise aquelas que ficaram pendentes e pergunte-se se foi dedicado tempo excessivo a alguma delas ou se faltou dedicação a outras. Quando deixar o trabalho, deixe-o para trás, não o carregue com você. Confie na agenda e limpe sua cabeça da perseguição dos prazos, clientes, juízes e colegas.

Lembre ainda que faz parte de nossa atividade o constante atrito. Advocacia é a única profissão em que um adversário é contratado para provar que você está errado o tempo todo (já imaginou isso na medicina ou na engenharia, por exemplo?). Isso significa que qualquer erro seu será levantado pela outra parte e seu trabalho será sempre objeto de críticas. Além disso, somos os responsáveis por nossos clientes: seu patrimônio, sua integridade física e psíquica ou sua vida familiar. Tudo isso é fonte de pressão. No entanto, há sempre o outro lado da moeda: ao mesmo tempo que podemos ser criticados, haverá muitos elogios a nosso trabalho, especialmente importantes quando vierem de nossos clientes ou numa decisão da Justiça, o que muitas vezes significará vitória. Também quando conseguir fechar um negócio complicado ou salvar alguém de uma enrascada. Isso nos leva ao ponto principal: para que possamos encontrar prazer na advocacia, temos que saber olhar o quadro geral da situação. Não se prenda a pequenas derrotas ou erros – se a vitória é estimulante para você, saiba que está na profissão correta; se gosta do que faz e tem retorno financeiro com isso, melhor ainda. Os advogados satisfeitos geralmente apresentam as seguintes características:

- gosto pelo aprendizado constante;
- foco nos detalhes;
- respeito pelas regras;

- grande capacidade de análise;
- mente voltada para novas conquistas e realizações;
- competitividade;
- estabilidade;
- paciência e persistência;
- mais racionalidade do que emoção;
- boa aceitação às críticas.

Se está insatisfeito com sua prática da advocacia, siga os conselhos deste capítulo e tenha coragem de mudar o que estiver errado. Muitos terão medo de alterar o rumo; outros negarão o estresse e continuarão reclamando de cada telefonema ou cliente que surgir (como disse um advogado: "não quero sair do inferno; eu já conheço todas as suas ruas"). Não seja assim. Os advogados que conseguem melhorar consideravelmente a vida profissional são justamente aqueles que estavam na pior – e que, por isso mesmo, resolveram dar um basta, começando uma nova fase em suas vidas.

Advogado arrogante

Ele promete vitória tão certa que, se perder o processo, rasga o diploma. Ri das alegações dos colegas adversários, despreza as perguntas dos clientes (não os considera importantes, é claro), diz que vai passar por cima dos adversários como um trator. Diante de uma sentença contrária, diz que o juiz é um analfabeto que não sabe nada de Direito (e ele sabe muito), ganha muito dinheiro e afirma que um dia os outros podem chegar aonde ele já está: é o advogado arrogante. Obviamente, ele não vai longe. Primeiro, porque fará muitos inimigos no seu caminho; segundo, porque será arrogante com colegas, servidores e juízes. Logo, atritos surgirão e sua prática ficará prejudicada. A arrogância pode ser insegurança camuflada (ou antipatia mesmo). Para o advogado arrogante, o único conselho é tentar buscar apoio na psicologia positiva (aquela que diz que pessoas podem melhorar, mesmo depois de adultas). Arrogância é o contrário da verdadeira sabedoria. Olhe bem os verdadeiros modelos de sucesso que você conhece – no trabalho e na vida pessoal – podem até ser vaidosos, jamais arrogantes. Só terá sucesso quem souber se relacionar bem com aqueles que circulam no mesmo meio. Ser arrogante afasta as pessoas e, por conseqüência, o sucesso: cuidado. Por mais dinheiro que ganhe, mantenha os pés no chão. E lembre-se do genial Montaigne, que assim escreveu nos seus ensaios: "É por minha experiência que afirmo a ignorância humana, que é, em minha opinião, o fato mais certo na escola do mundo. Os que não concluírem sua própria ignorância com um exemplo tão vão como o meu, ou os seus, que reconheçam através de Sócrates, o mestre dos mestres". E disse ainda: "Embora usemos pernas de pau, temos que mexer as do corpo para andar, e é com o traseiro que nos sentamos no mais alto trono do mundo".

6. "Como estou me saindo?"

Nosso objetivo é que você pare de se perguntar por que aquele(a) colega está tendo todo o sucesso, em vez de você. Essa não é uma atitude correta. Para começar a ser bem-sucedido, em primeiro lugar você deve parar de olhar para os outros e focar em você mesmo. Em vez de julgar como os outros estão se saindo, veja como você está se saindo nesse início de carreira e trabalhe para melhorar suas fraquezas. Essa atitude positiva pode ser o diferencial que lhe falta.

Uma pergunta, porém, pode estar ecoando em sua cabeça: como estou sendo avaliado? O que eles observam em mim?

A resposta será o seu guia para tornar-se uma escolha certa para sócio de sua firma. Os critérios adotados pelos sócios na avaliação de seus comandados são bem parecidos de firma para firma, aqui e lá fora. Daí a importância em sabê-los.

Para começar, é bom que você saiba que a principal fonte de sua avaliação serão os advogados com quem trabalha mais proximamente. Seu supervisor direto terá um peso enorme quando disser ou avaliar algo sobre você e seu desempenho profissional.

Passaremos, então, aos critérios. Você poderá ter um rendimento de 0 (zero) a 10 (dez) em cada um deles. Faça uma auto-análise e veja onde você é ótimo (9 e 10); bom (7 e 8); regular (5 e 6); precisa melhorar (3 e 4); e precisa melhorar muito (1 e 2).

Critério 1: Poder de análise/julgamento Nota: ....

Como perceberá, os primeiros critérios estarão concentrados em sua capacidade técnico-jurídica, ou seja, eles dirão respeito diretamente àquilo que aprendeu e apreendeu em sua formação intelectual. O chamado poder de análise será testado a todo momento. É capaz de entender os problemas levados até você? Consegue identificar as saídas? Possui uma visão geral do Direito? Olha o problema sob todos os ângulos possíveis e fornece um meio de resolvê-lo? É criativo ao criar soluções? Sabe detectar se um problema é realmente grave? Reconhece a necessidade de apoio em certos casos? Faz uma leitura ética ao julgar a melhor saída para a questão? Em linhas gerais, essa é a avaliação do seu poder de análise/julgamento feita por seus superiores e colegas. E competência é o começo de tudo.

Critério 2: Redação Nota: ....

Nossa profissão envolve, fundamentalmente, a arte de escrever. Para isso, você deverá ter excelentes (não menos que isso) conhecimentos da língua portuguesa. Não se toleram erros óbvios. Mas tal critério vai além. Organizar suas idéias em forma de texto será exigido tanto quanto saber discar um telefone. É básico. Serão avaliados seu modo de estruturar as idéias num texto, seu poder de clareza, concisão e persuasão (indispensáveis num bom profissional do Direito). Você sabe onde consultar e citar tais fontes? É atento para detalhes?

Critério 3: Comunicação Nota: ....

Aqui, o que vale é sua habilidade oral. Sua articulação de idéias, a forma como se expressa em reuniões, como debate em audiências e negociações.

Critério 4: Produtividade Nota: ....

Não só no "chão da fábrica" há busca de produtividade. Também nos escritórios de advocacia ela será examinada. Se você é desorganizado, não terá muitas chances de produzir muito, porque "produzir", nesse caso, será sua capacidade de estabelecer prioridades; ser eficiente; trabalhar sistematicamente, sem desperdício de tempo; e completar suas tarefas nos prazos exigidos. Aqui, não se esqueça de também levar em consideração como você age nos momentos de estresse e pressão. Nessas horas, o que conta é seu poder de trabalhar bem nessas condições.

Critério 5: Empenho e esforço pessoais Nota: ....

Aqui, é avaliada sua personalidade. Para ter uma boa *performance* nesse critério, contam sua garra, seu esforço. Você trabalha duro? Aceita as atividades que lhe são entregues com interesse e prontamente? Você se esforça em cada uma delas? Demonstra ser uma pessoa que toma iniciativas? Tem lealdade ao escritório? Aceita críticas? Tem atitudes no sentido de criar um ambiente de trabalho agradável? Segue as instruções dadas? Está motivado?

Critério 6: Relação com advogados e equipe de apoio Nota: ....

Serão analisadas suas relações com outros advogados e secretárias, paralegais, etc. Como trata os demais? De uma forma educada e construtiva? Sabe trabalhar em equipe? Sabe compartilhar? É solidário? Responde prontamente a telefonemas? É respeitoso? Tem maturidade? É bem aceito pelos pares?

Critério 7: Administração do escritório Nota: ....

Os aspectos administrativos e financeiros da firma também lhe dizem respeito. Você deve: respeitar os documentos internos, como as fichas de tempo; partilhar da missão do escritório; buscar as metas apresentadas. Tudo isso conta neste quesito.

Critério 8: Progresso Nota: ....

Ninguém quer um advogado estagnado, conformado em permanecer sempre no mesmo lugar. Portanto, neste critério será observado como está progredindo. Tem melhorado seu desempenho desde sua admissão? Há campo para melhorar mais? Procura melhorar sua formação? Será que um sócio com quem trabalhou gostaria de trabalhar com você de novo? (Essa pergunta é fundamental em avaliações internas).

Critério 9: Clientes Nota: ....

Aqui, é avaliado seu potencial para atrair clientes ou mais trabalho dos clientes atuais. Você se envolve em organizações/associações/câmaras? Escreve artigos para jornais/revistas? Interage bem com os clientes?

Critério 10: Integridade e ética Nota: ....

Aqui, uma nota abaixo de 10 pode acabar com suas chances nesta profissão. Um advogado vive da confiança que os outros nele depositam. Você só terá potencial para sócio se for íntegro e ético, sem meio-termo. Você gostaria de ter um sócio desonesto? Dormiria tranqüilo? Por isso mesmo, anti-éticos não têm chance.

A próxima tabela apresenta um teste que pode ser usado tanto por sócios que desejam avaliar seus associados como por advogados buscando saber o que realmente pesa no julgamento de seu trabalho. Você deve optar pela categoria (nota) que melhor descreve o desempenho do avaliado.

Níveis de desempenho

Excepcional (9-10): superior; capacidade acima da média; faz bem mais do que o esperado; valor inestimável para aquela posição dentro do escritório.

Recomendável (7-8): alta qualidade; faz mais do que o esperado.

Competente (5-6): sólido; totalmente aceitável; alguns erros, raramente repetidos.

Regular (3-4): trabalho razoável; precisa trabalhar sob supervisão atenta; desempenho não consistente; um pouco abaixo da média.

Inadequado (1-2): desempenho inadequado; melhora urgente e necessária; comete erros repetidamente.

	Inadequado	Regular	Competente	Recomendável	Excepcional
Critérios para avaliação	1-2	3-4	5-6	7-8	9-10
Hábitos de trabalho					
1. Respeita prazos; usa efetivamente o tempo.					
2. Trabalha com independência.					
3. Organiza e estabelece prioridades; concentra-se no trabalho importante em primeiro lugar.					
4. Compreende e segue instruções.					
5. Pontual; consciente em relação aos compromissos.					
6. Qualidade no trabalho; atenção aos detalhes e busca da perfeição.					
7. Produtividade.					
8. Aceita responsabilidade.					
Cooperação e atitude					
9. Apresenta uma atitude positiva.					

10. Tem iniciativa; desejo de procurar novos trabalhos e expandir conhecimentos.					
11. Aceita supervisão e sugestão; usa os conselhos para melhorar seu trabalho.					
12. Desejo de fazer o que for preciso para terminar a tarefa.					
13. Sai-se bem sob pressão.					
14. Segue as regras e os procedimentos estabelecidos.					
Habilidade ao lidar com pessoas					
15. Transmite profissionalismo ao cliente.					
16. Demonstra vontade de ajudar os demais; espírito de equipe.					
17. Habilidade de cooperar, trabalhar e comunicar com advogados e equipe do escritório.					
Julgamento					
18. Demonstra bom senso.					
19. Respeito ao sigilo profissional.					
20. Enfrenta bem situações difíceis ou incomuns.					

Conhecimento do trabalho					
21. Compreende as necessidades do trabalho.					
22. Demonstra criatividade; encontra novas e melhores maneiras de fazer as coisas.					
23. Processa as informações rápida e corretamente.					
24. Habilidades específicas: petições; peças processuais; correspondências; arquivamento, etc.					

APÊNDICE 1

Grandes escritórios

Onde estão as boas oportunidades para um advogado em busca de uma promissora carreira num grande escritório

Esta análise não tem a intenção de abranger todos os grandes escritórios brasileiros, o que escaparia à finalidade deste livro. Tentaremos, aqui, identificar alguns dos escritórios que, atualmente, são grandes empregadores de centenas de jovens advogados e advogadas que desejam crescer na profissão. São escritórios com perfil empresarial, atendendo em inúmeras áreas do Direito (*full service law firms*), o que atrai jovens com diferentes vocações. São escritórios parecidos com as grandes firmas norte-americanas, com quadros de carreira definidos, reconhecendo o mérito de seus profissionais (a chamada meritocracia). Para tanto (e para que não sejamos arbitrários), apresentamos alguns *rankings* de revistas especializadas internacionais, com métodos reconhecidos e imparciais. Nos escritórios indicados, geralmente concentrados nos grandes centros econômicos do País (principalmente São Paulo e Rio de Janeiro), você pode trabalhar com causas fascinantes e colegas interessantes. O que mais se pode pedir?

Uma boa fonte para informações sobre escritórios de advocacia no Brasil são os *sites* internacionais de publicações especializadas sobre escritórios. Um deles é o *site* da revista **Latin Lawyer** (www.latinlawyer.com), que traz os escritórios recomendados pela revista levando em consideração o número de advogados. O *site* do **English Chambers and Partners** (www.chambersandpartners.com) faz uma extensa pesquisa para seu **Global Guide**, incluindo o Brasil nas seguintes categorias: *banking & finance; communications; competition/antitrust; corporate/M&A; projects;* e *tax* (direito bancário e financeiro; telecomunicações; competição e antitruste; corporativo/fusões e aquisições; projetos e tributário). Outra fonte útil é o *site* do **Global Counsel 3000** (www.practicallaw.com), trazendo uma análise do mercado de advocacia brasileira e *rankings* nas seguintes áreas: *banking and finance; communications;*

company and corporate transactions; competition/antitrust; dispute resolution; energy; intellectual property; it and e-commerce; labour and employee benefits; M&A; restructuring and insolvency; e tax (direito bancário e financeiro; telecomunicações; transações corporativas; competição/antitruste; resolução de disputa; energia; propriedade intelectual; comércio eletrônico e tecnologia da informação; direito do trabalho; fusões e aquisições; reestruturação e insolvência; tributário).

Os cinco primeiros escritórios, dentre aqueles recomendados pelo *site* da **Latin Lawyer**, em número de advogados, são:

1	Demarest Almeida Advogados – www.demarest.com.br
2	Pinheiro Neto Advogados – www.pinheironeto.com.br
3	Machado, Meyer, Sendacz e Opice Advogados – www.machadomeyer.com
4	Veirano & Advogados Associados – www.veirano.com.br
5	Barbosa Müsnich & Aragão – www.bmalaw.com.br

Fonte: www.latinlawyer.com. Ano 2004.

Na publicação **Chambers and Partners Global Guide**, temos o seguinte *ranking* na área *Corporate/M&A* (sigla para Fusões e Aquisições, em inglês):

1	Barbosa, Müssnich & Aragão – escritórios: Rio de Janeiro, São Paulo e Brasília
1	Machado, Meyer, Sendacz e Opice – escritórios: São Paulo, Brasília, Porto Alegre, Rio de Janeiro, Salvador e Nova York (EUA)
1	Pinheiro Neto Advogados – escritórios: São Paulo, Rio de Janeiro, Brasília e Londres (Inglaterra)
1	Tozzini, Freire, Teixeira e Silva – escritórios: São Paulo, Rio de Janeiro, Brasília, Porto Alegre, Fortaleza, Recife, Natal, João Pessoa e Nova York (EUA)

2	Demarest e Almeida – escritórios: São Paulo, Brasília, Rio de Janeiro, Salvador, Porto Alegre, Maceió, Fortaleza, Campinas, Curitiba e Nova York (EUA)
2	Mattos Filho, Veiga Filho, Marrey Jr. E Quiroga Advogados – escritórios: São Paulo, Brasília, Rio de Janeiro e Salvador
2	Ulhôa Canto, Rezende e Guerra Advogados – escritórios: Rio de Janeiro e São Paulo
3	Lobo & Ibeas Abogados – escritórios: Rio de Janeiro e São Paulo
3	Motta Fernandes Rocha Advogados – escritórios: Rio de Janeiro e São Paulo
3	Souza, Cescon Avedissian, Barrieu e Flesch – escritórios: São Paulo e Rio de Janeiro
3	Trench, Rossi e Watanabe (Baker & McKenzie – escritórios: Brasília, Porto Alegre, Rio de Janeiro e São Paulo)
3	Veirano Advogados Associados escritórios: Rio de Janeiro, São Paulo, Fortaleza, Brasília, Porto Alegre e Recife
3	Xavier Bernardes e Bragança – escritórios: São Paulo, Rio de Janeiro, Joinville, Lisboa (Portugal) e Funchal (Portugal)
4	Azevedo Sette Advogados – escritórios: Belo Horizonte, São Paulo, Brasília, Governador Valadares e Rio de Janeiro
4	Carvalhosa Eizirik & Motta Veiga – escritório: Rio de Janeiro
4	Goulart Penteado, Iervolino e Lefosse – Advogados, em cooperação com Linklaters – escritório: São Paulo
4	Pinheiro Guimarães Advogados – escritórios: Rio de Janeiro e São Paulo
4	Vieira, Rezende, Barbosa e Guerreiro – escritórios: Rio de Janeiro, São Paulo e Brasília

Fonte: www.chambersandpartners.com (os números referem-se às posições no *ranking*; numeração idêntica significa empate). Ano 2004.

Há ainda o *ranking* das maiores firmas norte-americanas por número de advogados, feito pelo **The National Law Journal** (**The NLJ** 250/2003) e o *ranking* mundial por receita "Global 100", feito pelo **The American Lawyer** (novembro de 2003):

THE NLJ 250/2003

Ranking	Firma	Cidade Principal	Advogados
1	Baker & McKenzie	Chicago	3214
2	Jones Day	Cleveland	2136
3	Skadden, Arps, Slate, Meagher & Flom	New York	1827
4	White & Case	New York	1681
5	Latham & Watkins	Los Angeles	1624
6	Sidley Austin Brown & Wood	Chicago	1559
7	Mayer, Brown, Rowe & Maw	Chicago	1376
8	Morgan, Lewis & Bockius	Philadelphia	1196
9	Holland & Knight	Washington	1164
10	Weil, Gotshal & Manges	New York	1125
11	Shearman & Sterling	New York	1089
12	Greenberg Traurig	Miami	1023
13	McDermott, Will & Emery	Chicago	1002
14	Akin Gump Strauss Hauer & Feld	Washington	977
15	O'Melveny & Myers	Los Angeles	974
16	Morrison & Foerster	San Francisco	971

17	Kirkland & Ellis	Chicago	958
18	Hogan & Hartson	Washington	957
19	Reed Smith	Pittsburgh	957
20	Piper Rudnick	Chicago	946

Fonte: www.nlj.com

THE GLOBAL 100

Ranking por Receita	Firma	Local	Receita bruta, ano fiscal 2002-03 (valores em milhões de dólares)
1	Clifford Chance	International (U.K.)	$ 1,467
2	Skadden, Arps, Slate, Meagher & Flom	New York	$ 1,310
3	Freshfields Bruckhaus Deringer	International (U.K.)	$ 1,200
4	Linklaters	International (U.K.)	$ 1,080
5	Baker & McKenzie	International (U.S.)	$ 1,060
6	Allen & Overy	International (U.K.)	$ 970.5
7	Jones Day	National (U.S.)	$ 908
8	Latham & Watkins	National (U.S.)	$ 906
9	Sidley Austin Brown & Wood	National (U.S.)	$ 831
10	Mayer, Brown, Rowe & Maw	National (U.S.)	$ 705

11	Shearman & Sterling	New York	$ 700
12	Weil, Gotshal & Manges	New York	$ 688
13	White & Case	International (U.S.)	$ 675
14	McDermott, Will & Emery	National (U.S.)	$ 628
15	Sullivan & Cromwell	New York	$ 624
16	Kirkland & Ellis	Chicago	$ 611
17	Akin Gump Strauss Hauer & Feld	National (U.S.)	$ 575
18	Davis Polk & Wardwell	New York	$ 570
19	Gibson, Dunn & Crutcher	Los Angeles	$ 569
20	O'Melveny & Myers	Los Angeles	$ 565

Fonte: The American Lawyer. Ano 2003.

APÊNDICE 2
Filmes de tribunal

Sou um grande amante do Direito e da advocacia. Tenho a certeza de que você também é. Além de adorar meu dia-a-dia no escritório e nas audiências, continuo amando o Direito nos momentos de lazer. Como um bom cinéfilo, resolvi fazer uma pequena lista com alguns filmes de tribunal, muitos dos quais nos ensinam boas lições que podem ir além do meramente profissional. Alguns filmes listados abaixo dizem muito mais do que pode parecer; os litígios e crises podem ensinar que, na nossa profissão, não se está diante de meros casos e audiências, mas de situações-limite, dilemas éticos, confrontos de filosofias de vida e muito mais. Ufa! Mas, no final, o que fica é a boa diversão de ver representada na tela a vida que levamos fora dela. Além disso, a lista pode ser útil para a escolha de bons filmes para debates em Faculdades de Direito, atividade já praticada por algumas escolas brasileiras.

- 12 homens e uma sentença (*12 angry men*). Dir.: Sidney Lumet, 1957.
- Testemunha de acusação (*Witness for the prosecution*) dir.: Billy Wilder, 1957.
- Anatomia de um crime (*Anatomy of a murder*). Dir.: Otto Preminger, 1959.
- O julgamento em Nuremberg (*Judgement at Nuremberg*). Dir.: Stanley Kramer, 1961.
- O sol é para todos (*To kill a mockingbird*). Dir.: Robert Mulligan, 1962.
- Seção especial de justiça (*Section spéciale*). Dir.: Costagravas, 1974.
- Justiça para todos (*...And justice for all*). Dir.: Norman Jewison, 1979.
- O veredicto (*The verdict*). Dir.: Sidney Lumet, 1982.
- Sob suspeita (*Suspect*). Dir.: Peter Yates, 1987.
- Acusados (*The acused*). Dir.: Jonathan Kaplan, 1988.
- Justiça corrupta (*True believers*). Dir.:Joseph Ruben, 1989.

- Acima de qualquer suspeita (*Presumed innocent*). Dir.: Alan J. Pakula, 1990.
- Julgamento final (*Class action*). Dir.: Michael Apted, 1990.
- O reverso da fortuna (*Reversal of fortune*). Dir.: Barbet Schroeder, 1990.
- Questão de honra (*A few good men*). Dir.: Rob Reiner, 1992.
- A firma (*The firm*). Dir.: Sidney Pollack, 1993.
- Filadélfia (*Philadelphia*). Dir.: Jonathan Dame, 1993.
- Justiça (*Justiz*). Dir.: Hans W. Geissendörfer, 1993.
- O dossiê pelicano (*The pelican brief*). Dir.: Alan J. Pakula, 1993.
- A suspeita (*Judicial consent*). Dir.: Will Bindley, 1994.
- O cliente (*The client*). Dir.: Joel Schumacher, 1994.
- Tribunal sob suspeita (*Trial by juri*). Dir.: Heywood Gould, 1994.
- Acusação (*Indictment of mcmartin trial*). Dir.: Mick Jackson, 1995.
- Justa causa (*Just cause*). Dir.: Arne Glimcher, 1995.
- Leis da corrupção (*Broken trust*). Dir.: Geoffrey Sax, 1995.
- As duas faces de um crime (*Primal fear*). Dir.: Gregory Hoblit, 1996.
- A jurada (*The juror*). Dir.: Brian Gibson, 1996.
- Crime passional (*Loved*). Dir.: Erin Dignam, 1996.
- Tempo de matar (*Time to kill*). Dir.: Joel Schumacher, 1996.
- Advogado do diabo (*Devil's advocate*). Dir.: Taylor Hackford, 1997.
- Meia-noite no jardim do bem e do mal (*Midnight in the garden of good and evil*). Dir.: Clint Eastwood, 1997.
- 12 homens e uma sentença (*12 angry men*). Nova versão, Dir.: William Fridkin, 1998.
- O julgamento de Nuremberg (*Nuremberg: infamy on trial*). Dir.: Yves Simoneau, 2000.
- O júri (*The runaway jury*) Dir.: Gary Fleder, 2003.

APÊNDICE 3

Sites úteis e diferentes

Os *sites* aqui apresentados podem ser muito interessantes para operadores do Direito de um modo geral (além daqueles mencionados no capítulo referente a escritórios de advocacia). Aqui vão algumas sugestões (muitos exigem o inglês):

- **Usnews**: esta revista norte-americana traz o *ranking* das Faculdades de Direito dos Estados Unidos, inclusive com o *ranking* específico nas seguintes áreas: *clinical training; dispute resolution; environmental law; health care law; intellectual property law; international law; tax law;* e *trial advocacy* (treinamento prático/clínico; resolução de disputas; direito ambiental; direito da saúde; direito autoral/propriedade intelectual; direito internacional; direito tributário; advocacia no tribunal). Para aqueles que querem fazer um *Master of Laws* (LLM), é um excelente *site*.
  http://www.usnews.com/usnews/edu/grad/rankings/law/lawindex_brief.php
- **Hieros Gamos**: maior *site* jurídico do mundo.
  www.hg.org
- **West Publishing**: *site* da maior editora de livros jurídicos do mundo.
  www.westpub.com
- **World Law**:
  http://lcweb2.loc.gov/glin/worldlaw.html
- **International Law RG**:
  www.ilrg.com
- **Jus Navigandi**: além de ser um *site* bem completo em português, possui uma extensa lista de *links* nacionais e internacionais.
  www.jus.com
- www.law.com: site com *link* para *rankings* variados (escritórios por tamanho, por receita, qualidade de vida de associados, etc), notícias sobre direito, tecnologia, dentre outros, relacionados a Direito e escritórios.

- www.internationallawoffice.com
- www.lexuniversal.com: *site* idealizado e dirigido por um brasileiro, com sede nos Estados Unidos, e vocação mundial. Contém artigos, produtos e escritórios filiados para consultas e segundas opiniões. Pode-se ainda se cadastrar para receber uma *newsletter* por *e-mail*, gratuitamente.
- www.martindalehubbell.com: *site* do maior e mais completo diretório de escritórios de advocacia do mundo. Aqui você tem a sua disposição a ferramenta *lawyer locator* (localizador de advogado), que permite encontrar advogados e escritórios em quase todo o mundo, com várias possibilidades de busca (por cidades, países, etc). Referência mundial.
- **Center for International Legal Studies**: *site* do Centro para Estudos Legais Internacionais, com sede em Salzburg, na Áustria. Muitas informações sobre conferências pelo mundo, além de um programa de estágio internacional muito interessante. http://cils.net
- **Centro de Estúdios de Justicia de las Américas**: *site* do centro, com sede no Chile. O CEJA recebe estudantes para estágio. *Site* em espanhol e inglês. www.cejamericas.org

BIBLIOGRAFIA

ARRON, Deborah L. **What can you do with a law degree?** A lawyer's guide to carrier alternatives inside, outside & around the law. 5. ed. Seattle: Decision Books, 2004.

BRANDÃO, Ignácio de Loyola. **Pinheiro Neto Advogados 60 Anos**. São Paulo: Dezembro Ed., 2002.

BRASIL. Equipe América Jurídica (Org.) **Constituição da República Federativa do Brasil**: promulgada em 5 de outubro de 1988, atualizada até a Emenda Constitucional n. 42, de 19 de dezembro de 2003. Rio de Janeiro: América Jurídica, 2004.

________. **Estatuto da Advocacia da OAB**: lei n. 8.906 de 4 de julho de 1994 – Belo Horizonte, 1998.

CAREY, Christen Civiletto. **Full disclosure**: the new lawyer's must-read carrier guide. 2. ed. New York: ALM Publishing., 2001.

CARNEGIE, Dale. **Como fazer amigos e influenciar pessoas**. 27. ed. São Paulo: Nacional, 1971.

GORDON, Steve et al. **Vault.com guide to the top 50 law firms**. 3. ed. New York: Vault.com Inc., 2000.

MILL, John Stuart. Autobiography. In: ________. **Collected Works of J. S. Mill**. v. I. Toronto: University of Toronto Press, 1980.

MONTAIGNE, Michel Eyquem de. **Ensaios**. v. III. Brasília: Ed. Universidade de Brasília, 1987.

WALTON, Kimm Alayne. **What law school doesn't teach you... but you really need to know**. Chicago: Hartcourt Legal & Professional Publications, 2000.